中国为什么能

新中国70年巨变的内在逻辑

人民日报评论部　编著

人民出版社

责任编辑：忽晓萌

责任校对：白　玥

封面设计：薛　宇

图书在版编目（CIP）数据

中国为什么能：新中国 70 年巨变的内在逻辑 / 人民日报评论部 编著 .—北京：
　人民出版社，2019.9

ISBN 978 – 7 – 01 – 021370 – 5

I.①中… Ⅱ.①人… Ⅲ.①社会主义建设成就 – 中国 Ⅳ.① D619

中国版本图书馆 CIP 数据核字（2019）第 210939 号

中国为什么能

ZHONGGUO WEISHENME NENG

——新中国 70 年巨变的内在逻辑

人民日报评论部 编著

人 民 出 版 社 出版发行

（100706　北京市东城区隆福寺街 99 号）

中煤（北京）印务有限公司印刷　新华书店经销

2019 年 9 月第 1 版　2019 年 9 月北京第 1 次印刷

开本：710 毫米 ×1000 毫米 1/16　印张：11.5

字数：132 千字

ISBN 978 – 7 – 01 – 021370 – 5　定价：29.00 元

邮购地址 100706　北京市东城区隆福寺街 99 号

人民东方图书销售中心　电话：（010）65250042　65289539

目　录
CONTENTS

1

七、逻辑Ⅵ：精神   129

八、逻辑Ⅶ：人民   155

中国为什么能

一、总论

历经风雨砥砺，中国永远在这儿

——新中国70年巨变的内在逻辑①

人民日报评论部

98年砥砺奋进，70载春华秋实。我们刚刚庆祝了中国共产党成立98周年，又将迎来新中国成立70周年。"我与新中国"征文活动讲述普通百姓的家国故事，"我与中国"全球短视频大赛聚焦神州大地的巨大变化，"一首歌一座城"展现亿万人民的美好生活……我与祖国共奋进，人民共和国的70年让每个中国人都充满自豪、充满自信！

回首新中国70年走过的历程，这一段峥嵘岁月，丈量着我们朝向梦想的脚步。7月1日国家统计局发布报告显示，2018年中国国内生产总值比1952年增长175倍，年均增长8.1%。在一穷二白的纸上绘出最新最美的画图，从经济凋敝的困境奋发成为世界第二大经济体，以爬坡过坎的奋斗开创中国特色社会主义新时代，一路走来，虽有风雨波折却总一往无前，我们用经济实力的显著进步、综合国力的不断增强、人民生活水平的持续改善，书写了波澜壮阔的中国故事。我们的国家发生了天翻地覆的变化，中华民族迎来了从站起来、富起来到强起来的伟大飞跃，正如习近平总书记强调的："无论是在中华民族历史上，还是在世界历史上，这都是一部感天动地的奋斗史诗。"

这70年，是中国共产党带领亿万人民，不断奋进的70年。翻阅人民共和国风雷激荡的历史篇章，我们愈发坚信，是鲜红的党旗凝聚起磅礴的力量，把中华民族变成一个坚强的共同体，在复兴的大道上勇往直前。怀着"为中国人民谋幸福、为中华民族谋复兴"的初心和使命，这个有着强大政治领导力的政党，带领中国人民筚路蓝缕、辟除榛莽，走向辉煌、走向复兴。当中国对世界经济增长的贡献率年均达到30%，当中国让7亿多人口摆脱贫困，对全球减贫贡献率超过70%，没有人会怀疑这样的判断：坚持党的领导是当代中国最高政治原则，是实现中华民族伟大复兴的关键所在。

这70年，是我们探索自己的发展道路，砥砺前行的70年。一个镜头让人记忆犹新：2017年底，中国共产党与世界政党高层对话会的嘉宾来到中央党校参观，在"实事求是"的石碑前，外国政党的领导人纷纷留影，他们明白，这四个字中，正蕴藏着中国成功的密码。的确，在中国这样一个有着5000多年文明史、近14亿人口的大国推进社会主义现代化，是前无古人的伟大事业。正是1949年开始，建立新中国并进行社会主义革命和建设，积累了重要的思想、物质、制度条件；正是1978年开始，我们党果断决定实行、坚定不移推进改革开放，开启了中国腾飞的进程。70年来，我们走出了一条自己的道路，世人所说的"中国模式"，正是中国人民在自己的奋斗实践中创造的中国特色社会主义道路。中国70年巨变说明，只有社会主义才能救中国，只有中国特色社会主义才能发展中国，这是历史的结论、人民的选择。

雄关漫道真如铁，人间正道是沧桑。70 年巨变，让一个古老的国家焕发出奋斗的神采，让神州大地激荡起生机勃勃的复兴气象。在从站起来、富起来到强起来的过程中，中国特色社会主义道路、理论、制度、文化不断发展，拓展了发展中国家走向现代化的途径，为解决人类问题贡献了中国智慧和中国方案。今天，近 14 亿中国人民意气风发、豪情满怀，960 多万平方公里的祖国大地生机勃发、春意盎然，5000 多年的中华文明光彩夺目、魅力永恒，我们党的领导和我国社会主义制度坚强牢固、充满活力，中国人民和中华民族前程伟大、前途光明。正如习近平总书记所指出的，"当今世界，要说哪个政党、哪个国家、哪个民族能够自信的话，那中国共产党、中华人民共和国、中华民族是最有理由自信的"。

1949 年 9 月，第一届中国人民政治协商会议在北京召开，毛泽东同志感怀："我们有一个共同的感觉，这就是我们的工作将写在人类的历史上。"今天，在以习近平同志为核心的党中央坚强领导下，中国特色社会主义进入新时代，中华民族奋力谱写新篇章。新的征程、新的实践、新的奋进正在展开，中国也必将走向一个更加光辉的未来。穿越风雨，大海永远在这儿！面向未来，中国永远在这儿！

（《人民日报》2019 年 7 月 16 日）

办好中国的事情，关键在党

—— 新中国 70 年巨变的内在逻辑 ②

人民日报评论部

在读书、学习、讨论中，深化对党的创新理论的理解；在调研、走访、座谈中，发现和改正工作中存在的问题……"不忘初心、牢记使命"主题教育正在全党上下展开。新中国成立 70 周年之际，我们党全国执政 70 周年之际，一场"正当其时"的主题教育，让党员坚守初心、勇担使命，也让世界更加看清中国成功背后的"政治密码"。

回首人民共和国的 70 年，中国奇迹的背后，是中国共产党领导亿万人民一路跋山涉水、一路砥砺奋进，是无数中国共产党人不忘初心、牢记使命的奉献与担当。在中国共产党领导下，我们选择和确立了社会主义制度，中国特色社会主义道路、理论、制度、文化形成并不断完善和发展。70 年来，中华民族面貌的巨大变化、中国人民面貌的巨大变化、中国社会面貌的巨大变化充分说明，历史和人民选择中国共产党领导实现中华民族伟大复兴的事业是正确的，只有共产党，才能救中国；只有共产党，才能发展中国。

"办好中国的事情，关键在党。"对于后发现代化国家，强有力的政治领导是制胜的决定性因素。更何况，我们正在进行的，是人类历史上规模最浩大、气势最雄伟的现代化事业。70年来，我们曾遭遇封锁与遏制，曾有过急躁与冒进，曾经历洪水、地震、非典疫情的考验，也曾面对金融危机、贸易摩擦的挑战，然而"中国号"巨轮劈波斩浪、一往无前，"根本的一条就是我们始终坚持共产党领导"。指明前进的方向与道路，谋划发展的蓝图和方式，集中力量办大事……有了党的坚强领导，国家治理就有了坐镇中军帐的"帅"，现代化建设就有了坚强的"领航者"，亿万人民就有了共谋复兴的"主心骨"。可以说，党的领导，是新中国70年巨变根本的原因、最大的逻辑。

回望70年，中国共产党为什么"能"？因为我们是马克思主义政党，我们的信仰是真理。多少年来，对于志在挽救民族危亡、志在实现民族复兴的革命者、建设者、改革者来说，马克思主义是"中国的导星"。完成新民主主义革命，完成社会主义革命，进行改革开放新的伟大革命，开创中国特色社会主义新时代……以马克思主义为指导，共产党人推动了中国历史上最广泛最深刻的社会变革，让中国巍然屹立于世界东方。我们以马克思主义中国化为主题，以解决中国实际问题为主线，不断推进实践基础上的理论创新，指引中华民族迎来从站起来、富起来到强起来的伟大飞跃，走出一条中国特色社会主义道路。正是沿着这条真理之路，积贫积弱的中国走向繁荣昌盛，历经磨难的中华民族迎来复兴的曙光。

回望70年，中国共产党为什么"能"？因为我们是人民的政党，我们的靠山是人民。新中国的70年，也是党与人民心心相印、同甘共苦、团结奋斗的 70 年。当一些国家的政党忙着为吸引选票而编造竞选口号时，中国共产党却坚信，"人民群众是我们力量的源泉"、人民"是决定党和国家前途命运的根本力量"。从太行绝壁上的红旗渠到小岗村大包干契约上的红手印，从植树造林的"绿色奇迹"到人类历史上最成功的"脱贫故事"，人民的力量一旦被激发出来，就有着改天换地的伟力。"人民对美好生活的向往，就是我们的奋斗目标。"习近平总书记的铿锵誓言，既是大国领袖的人民情怀，更是百年大党的不变本色。你把人民放在心上，人民就会把你放在心上。光荣归于人民、感情系于人民、力量源于人民，这样的执政党无愧于人民的政党，这样的百年大党永葆着赤子之心。

今天，站在新中国成立 70 周年的时间节点上，我们豪情满怀、壮志在胸，但更要看到，船到中流、人到半山，尤需勇立潮头、奋勇搏击。习近平总书记强调，"不忘初心，牢记使命，就不要忘记我们是共产党人，我们是革命者，不要丧失了革命精神"。70 年来，我们党开新局于伟大的社会革命、强体魄于伟大的自我革命，让社会主义中国巍然屹立于世界东方，也在革故鼎新、守正创新中实现自身跨越。面向未来，我们仍需以党的自我革命推动伟大社会革命，不断为党和人民事业注入生机活力，把我们的人民共和国建设得更加繁荣富强。

（《人民日报》2019 年 7 月 17 日）

中国为什么能

二、逻辑 I：道路

中国人民正走在正确的道路上

——新中国70年巨变的内在逻辑③

人民日报评论部

"解释中国奇迹要从中国道路中寻找真实的答案""中国道路具有鲜明的中国特色、具有世界意义""中国的发展突破了长期困扰发展中国家的模式问题"……今年是新中国成立70周年，国内外学界的目光纷纷投向这里，希望发现中国发展的密码，这其中，"中国道路"是一个绕不开的关键词。

稳居世界第二大经济体，位列第一大工业国、第一大货物贸易国，建成覆盖近14亿人的社保网，成为世界上减贫人口最多的国家……70年来，中国的奋斗之路，犹如一幅前后相继的长卷，有筚路蓝缕的创业征程，有气壮山河的建设浪潮，有波澜壮阔的改革探索，有拥抱世界的开放襟怀。在这条路上，中国用几十年时间走完了发达国家几百年走过的发展历程，正如习近平总书记指出的，"中国人民正走在正确的道路上"。

　　一个国家，一个民族，只有找到适合自己条件的道路，才能实现自己的发展目标。实现历史巨变的掌舵者是中国共产党，航路则是从新民主主义革命、社会主义革命，到改革开放开辟的中国特色社会主义道路。习近平总书记强调，所谓的"中国模式"是中国人民在自己的奋斗实践中创造的中国特色社会主义道路。这一条道路，见证中国在富起来、强起来的征程上迈出了决定性的步伐。

　　环视世界，没有哪个国家对扶贫做得像中国这么投入，没有哪个国家像中国这样把生态环境保护摆在民族千秋大计的高度，没有哪个国家像中国这样对公平正义如此重视……抓住完善和发展中国特色社会主义制度这个关键，为解放和发展社会生产力、解放和增强社会活力、永葆党和国家生机活力提供了有力保证。从党的集中统一领导到处理好政府和市场的关系，从以人民为中心的发展思想到集中力量办大事的政治优势，在鲜活实践中生长出来的中国道路，闪耀着马克思主义的真理光芒，让中国发展崛起的奇迹成为可能。道路与模式，决定一国的发展高度。铭记走过的路、比较别人的路、远眺前行的路，我们比谁都有自信，踏踏实实走好中国道路。

　　鞋子合不合脚，自己穿了才知道；道路好不好，自己走了才知道。对比地看，新中国的工业化比英国晚了近 200 年；美国大批量生产汽车近 100 年后，我们刚开始从"自行车时代"跨入"汽车时代"。起步晚、落差大，但中国却从极低的起点、以极快的速度驶出经济社会发展的加速度。风景这边独好，正是因为我们选择了属于自己的道路。正如马克思所说，人们是在"直接碰到的、既定的、从过去承继下来的条件下"创造自己的历史。中国道路，不是一座政治制度上的飞来峰，也不是别人施舍来的舶来品，而是中国共产党带领人民坚持科学社会主义基本原则、科学把握人类社会发展规律、充分借鉴人类文明成果开辟的人间正道、走出的创新之路。这条道路，根植于960多万平方公里的中国大地，反映近 14 亿中国人民的意愿，适应中国和时代发展进步要求。而这种独立自主的探索精神，这种坚持走自己路的坚定决心，正是我们党不断从胜利走向胜利的真谛。

　　大舸中流下，青山两岸移。邓小平曾指出，走自己的道路，建设有中国特色的社会主义，这就是我们总结长期历史经验得出的基本结论。今天，民族复兴的航路已经打通，我们脚下的每一步，都是通往胜利的新里程。正如习近平总书记强调的："我们要把命运掌握在自己手中，就要有志不改、道不变的坚定。"满怀"走自己的路"的勇毅笃定，抖擞"上下而求索"的奋斗精神，把国家未来和民族命运牢牢掌握在自己手中，新的历史必将完成惊叹世人的书写。

（《人民日报》2019 年 7 月 18 日）

一以贯之坚持和发展中国特色社会主义

——一论学习贯彻习近平总书记"1·5"重要讲话

人民日报评论员

"新时代中国特色社会主义是我们党领导人民进行伟大社会革命的成果，也是我们党领导人民进行伟大社会革命的继续，必须一以贯之进行下去。"

在1月5日举行的新进中央委员会的委员、候补委员和省部级主要领导干部学习贯彻习近平新时代中国特色社会主义思想和党的十九大精神研讨班上，习近平总书记着眼党和国家事业发展全局，鲜明提出"三个一以贯之"的要求并进行了深刻阐述：坚持和发展中国特色社会主义要一以贯之；推进党的建设新的伟大工程要一以贯之；增强忧患意识、防范风险挑战要一以贯之。总书记的重要讲话，贯通历史和现实，关联国际和国内，结合理论与实际，内涵极其丰富，对于推动全党全国各族人民把思想统一到党的十九大精神上来，把力量凝聚到实现党的十九大确定的目标任务上来，具有十分重要的意义。

一以贯之坚持和发展中国特色社会主义，要有历史视角。习近平总书记多次从改革开放史、新中国历史、中国共产党历史、中华民族近代史、中华文明史五个维度，提醒全党要深刻把握中国特色社会主义是怎么来的。从党的历史看，我们党领导人民进行 28 年浴血奋战，完成了新民主主义革命；新中国成立后，我们党领导人民进行社会主义革命和探索，取得重要成就，也经历了严重曲折；在历史新时期，我们党领导人民进行改革开放这场新的伟大革命，开辟了中国特色社会主义道路，使我国发展大踏步赶上时代。历史深刻表明，中国特色社会主义不是从天上掉下来的，而是党和人民历经千辛万苦取得的宝贵成果，我们得到这个成果极不容易，必须倍加珍惜。

一以贯之坚持和发展中国特色社会主义，要有世界视野。认识中国特色社会主义的历史必然性和科学真理性，要放在世界社会主义演进的历程中去把握。500 年来，从空想走向科学、从一国实践走向多国发展，社会主义虽充满曲折，却以中国特色社会主义的巨大成功向世界宣告，社会主义没有灭亡，也不会灭亡，而且焕发出蓬勃生机活力。中国特色社会主义进入新时代，正成为 21 世纪科学社会主义发展的旗帜，成为振兴世界社会主义的中流砥柱。旗帜决定方向，道路决定命运，我们党要实现新时代的历史使命，最根本的就是高举中国特色社会主义伟大旗帜。面对世界社会主义发展大势，我们党有责任、有信心、有能力为科学社会主义新发展作出更大历史贡献。

一以贯之坚持和发展中国特色社会主义，要始终焕发革命精神。我们是马克思主义执政党，但同时是马克思主义革命党，要保持过去革命战争时期的那么一股劲、那么一股革命热情、那么一种拼命精神，把革命工作做到底。昨天的成功并不代表着今后能够永远成功，要实现党和国家兴旺发达、长治久安，全党同志必须保持革命精神、革命斗志，勇于把我们党领导人民进行了 97 年的伟大社会革命继续推进下去，决不因胜利而骄傲，决不因成就而懈怠，决不因困难而退缩，努力使中国特色社会主义展现更加强大、更有说服力的真理力量。

时代是出卷人，我们是答卷人，人民是阅卷人。深入学习领会、贯彻落实习近平总书记"1·5"重要讲话精神，紧密团结在以习近平同志为核心的党中央周围，坚定"四个意识"，强化"四个自信"，一以贯之坚持和发展中国特色社会主义，奋力夺取新时代中国特色社会主义伟大胜利，我们就一定能向人民交上一份新的更加优异的答卷。

（《人民日报》2018 年 1 月 6 日）

新时代改革再出发的重要里程碑

—— 写在党的十八届三中全会召开五周年之际

人民日报评论员

改革开放 40 年来，我们党带领人民绘就了一幅波澜壮阔、气势恢宏的历史画卷。其中，一些点睛之笔，随着时间的推移更显其重大而深远的意义。如果说党的十一届三中全会拉开了改革开放的时代大幕，十八届三中全会则是新时代改革再出发的顶层设计，是 40 年改革开放进程中的重要里程碑。

从时代背景来看，十八届三中全会召开之前，改革到了一个新的重要关头。一方面，"容易的、皆大欢喜的改革已经完成了，好吃的肉都吃掉了，剩下的都是难啃的硬骨头"，改革进入了攻坚期和深水区；另一方面，在改革问题上，党内外、国内外都很关注，全党上下和社会各方面期待很高。正是在这样的背景下，以习近平同志为核心的党中央，强调"改革开放的旗帜必须继续高高举起"，号召以更大的政治勇气和智慧、更有力的措施和办法推进改革。十八届三中全会

17

的召开，正是我们党坚定不移高举改革开放大旗的重要宣示。

从历史意义来看，十八届三中全会的召开，标志着我们党的改革方略步入全新高度、改革开放进入全新境界。"完善和发展中国特色社会主义制度，推进国家治理体系和治理能力现代化"，全会提出的全面深化改革总目标，体现着"推进所有领域改革"的非凡勇气。"使市场在资源配置中起决定性作用和更好发挥政府作用"，全会提出的这一重大理论观点，标志着社会主义市场经济发展进入了一个新阶段。15 个领域，336 项重大举措，全会通过的《中共中央关于全面深化改革若干重大问题的决定》，涉及范围之广、力度之大都是前所未有的。可以说，十八届三中全会形成了改革理论和政策的一系列新的重大突破，是全面深化改革的一次总动员、总部署，已经并正在对中国改革开放事业产生重大推动和引领作用。

"改革开放只有进行时没有完成时。"新时代的全面深化改革，不只为了应对挑战，更是为了把握机遇；不只为了短期目标，更是为了图之长远；不只是时代要求，更是历史责任。5 年来，在习近平新时代中国特色社会主义思想指引下，党中央举旗定向、谋篇布局，对全面深化改革作出一系列重大战略部署，成立中央全面深化改革领导小组（委员会），负责改革的总体设计、统筹协调、整体推进、督促落实，形成了集中统一的改革领导体制、务实高效的统筹决策机制、上下联动的协调推进机制、追责问效的督察落实机制。5 年来，全面深化改革迎风破浪、大刀阔斧、攻坚克难，336 项重大改革举措中已出台实施方案的超过 95%，解决了许多长期想解决而没有解决的难题，办成了许多过去想办而没有办成的大事，推动党和国家事业发生历史性变革、取得历史性成就。我们用行动宣示了在新时代将改革开放进行到底的坚定决心。

十八届三中全会召开5年来，中国特色社会主义制度更加完善，国家治理体系和治理能力现代化水平明显提高。纵观世界历史，真正强大的国家，无一不是制度文明的集大成者。过去5年，从以经济体制改革为主到全面深化经济、政治、文化、社会、生态文明体制和党的建设制度改革，党和国家机构改革、行政管理体制改革、依法治国体制改革、司法体制改革、外事体制改革、社会治理体制改革、生态环境督察体制改革、国家安全体制改革、国防和军队改革、党的领导和党的建设制度改革、纪检监察制度改革等一系列重大改革扎实推进，我们"把制度创新作为核心任务"，啃下了不少硬骨头，闯过了不少急流险滩，夯基垒台、立柱架梁的改革任务基本完成，四梁八柱性质的改革主体框架基本确立。1992年，邓小平同志曾指出："恐怕再有三十年的时间，我们才会在各方面形成一整套更加成熟、更加定型的制度。"今天来看，到2020年"形成系统完备、科学规范、运行有效的制度体系，使各方面制度更加成熟更加定型"，十八届三中全会设定的改革目标，已经在许多重要领域和关键环节取得决定性成果。

十八届三中全会召开5年来，全社会发展活力和创新活力明显增强，人民群众获得感、幸福感、安全感不断提升。全面深化改革的根本任务是要解放和发展社会生产力，促进社会公平正义，让发展成果更多更公平地惠及全体人民。"改革是由问题倒逼而产生，又在不断解决问题中而深化""善于从群众关注的焦点、百姓生活的难点中寻找改革切入点""改革要从群众最期盼的领域改起，从制约经济社会发展最突出的问题改起"……过去5年，"放管服"改革不断提速，减税降费支持实体经济，加快落实负面清单制度，营商环境不断改善，市场活力进一步激发，日均新设企业由 5 年前每天 0.69 万户提高到今年的 1.84 万户。过去 5 年，深化户籍制度改革、实行城乡养老并轨、推进公立医院改革、实施"全面二孩"政策、加大农村教育投入、打破"一考定终身"、全面推行河长制、废止劳动教养制度、纠正重大冤假错案……各项便民、惠民、利民的改革举措密集出台，看得见、摸得着的变化，让百姓感受到实实在在的好处。

实践发展永无止境，解放思想永无止境，改革开放永无止境。习近平总书记在庆祝改革开放 40 周年大会上深刻指出，"伟大梦想不是等得来、喊得来的，而是拼出来、干出来的""改革开放已走过千山万水，但仍需跋山涉水"。作为新时代改革再出发的重要里程碑，十八届三中全会的重大意义，已经并还将通过抓铁有痕、踏石留印的改革落实体现出来。不忘初心，牢记使命，"将改革开放进行到底"，十八届三中全会的目标完成之日，也是全面建成小康社会实现之时，到那个时候，中国的面貌必将发生新的历史性变化，中国特色社会主义事业必将展现出更加广阔的前景。

（《人民日报》2018 年 12 月 31 日）

最重要的是做好自己的事情

人民日报评论员

5月21日，华为创始人、CEO任正非针对相关热点问题接受媒体采访时表示，面对美国的"90天临时执照"，我们最重要的还是把我们自己能做的事做好，美国政府做的事不是我们能左右的。这样的回答，从一个侧面生动表达了中国企业面对风险挑战时的骨气、底气与企业家精神，引发网友广泛转发与热议。

同样在近日，国务院国资委一则点赞国企创新文章的微博，让无数网友心潮澎湃。"从设计图纸开始，造出了占全球市场份额2/3的中国盾构机""当年被超高压卡住了脖子，但现在，我们连特高压都搞定了""石油勘探、开采、炼化、输送都曾一度落后，领先是'干'出来的"……一项项落后、一次次封锁，却成就了一件件科技自立、创新自主的传奇。创业维艰，奋斗以成，从来就没有什么轻而易举，从来就没有什么理所当然。任凭乱云飞渡、风吹浪打，我自岿然不动、决胜千里，靠的正是把自己的事情做好的坚定与执着。

回首来路，中国人民遭受过的磨难和牺牲、绊脚石和拦路虎，不够多吗？但中国人民何曾因为艰难险阻放弃对梦想的追求和前赴后继的拼搏？从一穷二白的烂摊子上建起"人民当家作主"的新中国，从百业待兴中闯出"决定当代中国命运"的改革开放新路，在历史性成就和变革中推动中国特色社会主义进入新时代，正是靠着把自己的事情做好的勇毅笃行，不让任何外在因素打乱我们的节奏、步伐，我们才取得一个个胜利，把一个个困难踩在了脚下，踏出了大道。

有句话说得不错：世界上只有一种真正的英雄主义，那就是认清真相之后，依然热爱生活。中国人民早就深刻体认到，发展的道路，从来都不是一帆风顺的。无论外部环境如何变化，对中国而言，关键是"收拾精神，自作主宰"，激扬起那么一股子精气神，抓住机遇、迎接挑战、战胜一切艰难险阻。粮食安全说一千道一万，归根到底要体现在沉甸甸的稻穗麦谷里；实体经济主动权，归根到底要掌握在工厂车间的匠心凝聚和科技攻关上；先进技术、关键技术求不到、买不来，归根到底得沉下心、耐住性子去攻克……比认识更重要的是决心，比方法更关键的是担当。当此船到中流浪更急、人到半山路更陡之时，尤须牢记习近平总书记的谆谆教导："最重要的，还是要集中精力办好自己的事情，不断壮大我们的综合国力，不断改善我们人民的生活，不断建设对资本主义具有优越性的社会主义，不断为我们赢得主动、赢得优势、赢得未来打下更加坚实的基础。"

人人都是普通之人，人人都可做非凡之事。新时代是奋斗者的时代，是创造奇迹、诞生英雄的时代。超 1 亿户市场主体，9 亿多劳动力人口，超过 1.7 亿受过高等教育或拥有专业技能的人才，8900 多万共产党员，每个人向前跨出的一小步，汇集起来就是国家发展的一大步。大有大的潜力，大有大的底气。每个人、每个企业争分夺秒做好本职工作，就没有过不去的沟坎、打不赢的硬仗。历史终将证明，我们前进道路上的那些"绊脚石"，一定会成为奋斗者的"铺路石"。

"若问何花开不败，英雄创业越千秋。"近 14 亿中国人民风雨无阻追逐梦想，汇聚成的洪荒伟力，没有谁能阻挡得了。正如 70 年前新中国成立时毛泽东同志所宣示的，"中国人民的不屈不挠的努力必将稳步地达到自己的目的"。踏踏实实做好每一件事，我们必能从荆棘遍地中走出一条胜利之路，走向民族复兴的美好明天。

（《人民日报》2019 年 5 月 25 日）

锻造当代中国最显著特征最壮丽气象

—— 论学习贯彻习近平总书记在庆祝改革开放四十周年大会重要讲话

人民日报评论员

历史的沧桑巨变，总是在今昔对比中给人以强烈震撼。

"40 年来，我们解放思想、实事求是，大胆地试、勇敢地改，干出了一片新天地""使改革开放成为当代中国最显著的特征、最壮丽的气象"。在庆祝改革开放 40 周年大会上，习近平总书记深情回顾我们党团结带领全国各族人民风雨同舟、披荆斩棘、砥砺奋进的非凡历程，为我们深刻认识改革开放的重大意义和伟大成就、在新时代继续把改革开放推向前进，注入了坚定信心和强大动力。

艰难困苦，玉汝于成。40 年前，十年内乱后的中国，经济濒临崩溃的边缘，人民温饱都成问题，国家建设百业待兴；人们的观念，被"两个凡是"严重束缚，被"左"的思想和教条主义牢牢禁锢。正是改革开放这一伟大觉醒，孕育了我们党从理论到实践的伟大创造；

正是改革开放这一伟大革命，推动了中国特色社会主义事业的伟大飞跃。40年来，从实行家庭联产承包、发展乡镇企业、取消农业税牧业税和特产税到农村承包地"三权"分置、打赢脱贫攻坚战、实施乡村振兴战略，改革的步伐永不停歇；40年来，从兴办深圳等经济特区、沿海沿边沿江沿线和内陆中心城市对外开放到加入世界贸易组织、共建"一带一路"、设立自由贸易试验区、谋划中国特色自由贸易港、成功举办首届中国国际进口博览会，从"引进来"到"走出去"，开放的大门越开越大。

40年一气呵成，40年依然强劲。今天，改革开放是当代中国最鲜明的特色，是我们党在新的历史时期最鲜明的旗帜。40年来，我们党带领人民以"永远在路上"的精神，持续推动改革开放向纵深发展。从搞好国营大中小企业、发展个体私营经济到深化国资国企改革、发展混合所有制经济，从单一公有制到公有制为主体、多种所有制经济共同发展和坚持"两个毫不动摇"，从传统的计划经济体制到前无古人的社会主义市场经济体制再到使市场在资源配置中起决定性作用和更好发挥政府作用，以经济体制改革为主轴，改革开放不断在重要领域和关键环节取得新突破。40年来，坚定不移把发展作为党执政兴国的第一要务，坚持解放和发展社会生产力，改革开放不仅使中国摆脱"被开除球籍的危险"，更让中国人民在富起来、强起来的征程上迈出了决定性的步伐！

"没有改革开放，就没有中国的今天；离开改革开放，也没有中国的明天。"党的十八大以来，以习近平同志为核心的党中央坚定不移全面深化改革，推动改革呈现全面发力、多点突破、蹄疾步稳、纵深推进的局面。从以经济体制改革为主到全面深化经济、政治、文化、社会、生态文明体制和党的建设制度改革，党和国家机构改革、行政管理体制改革、依法治国体制改革、司法体制改革、外事体制改革、社会治理体制改革、生态环境督察体制改革、国家安全体制改革、国防和军队改革、党的领导和党的建设制度改革、纪检监察制度改革等一系列重大改革扎实推进，各项便民、惠民、利民举措持续实施，人民群众的获得感、幸福感、安全感持续增强，推动党和国家事业发生历史性变革、取得历史性成就。

时间回荡着历史之音，时间也刻写下前进足印。"现在我们干的是中国几千年来从未干过的事。这场改革不仅影响中国，而且会影响世界"。改革开放之初，邓小平同志如此评价改革开放的意义。"在新时代创造中华民族新的更大奇迹！创造让世界刮目相看的新的更大奇迹！"40 年后的今天，习近平总书记如此定义改革开放的使命。从历史深处奔涌而来，向民族复兴澎湃而去，新时代的改革开放，激情永在、境界常新。

（《人民日报》2018 年 12 月 22 日）

中国的发展属于全世界

——写在改革开放 40 周年之际

人民日报评论部

"进博会，永不落幕！"12 月 10 日，上海虹桥进口商品展示交易中心正式对公众开放。1 个月前，上海举办了首届中国国际进口博览会，这个中心正是承接进博会溢出效应的"6+365"主平台。从西班牙火腿到特斯拉汽车，已有 50 多个国家和地区的 200 多个品牌、7000 多件商品进驻这里。

进博会是一个平台，让世界各国共享中国的巨大市场；也是一个窗口，照见 40 年来，中国的发展受惠于开放、又以更高层次开放造福世界的"螺旋式上升"。当改革开放的指针划过 40 年，今天的中国，已不是那个现代化之路上的"缺席者""迟到者""追赶者"，而是以巨大的发展成就、丰富的发展实践、宝贵的发展经验，成为现代化的示范者之一。把改革开放的旗帜举得更高更稳，新时代的中国，正在为世界作出新的更大贡献。

人们常常用"奇迹",来形容中国过去 40 年的发展。美国学者雷默在《不可思议的年代》一书开篇就写道:如果你生活在中国,就会看到关于社会福利、医疗卫生、外交政策和技术进步的新想法不断涌现,而且中国正在以越来越快的速度探索和试验这些新想法。其实,外部世界对中国改革开放的看法,早已从"不可思议"变为"值得深思",特别是当人类与新的时代问题迎面相遇时,更会设身处地认真思考中国的"关键一招"。

回头看看,更觉习近平总书记的一个判断言约而旨远——"改革开放这场中国的第二次革命,不仅深刻改变了中国,也深刻影响了世界"。在世界的坐标系中审视,这个"20 世纪最重要事件之一",不仅让中国成为世界经济重要的"增长极",而且助推了一个近 14 亿人口的大国深度融入世界,更向世界证明,通向现代化的道路不止一条,只要找准正确方向、驰而不息,就一定能抵达目标。

曾以占世界 7% 的耕地养活占世界 22% 的人口,有力回击"谁来养活中国"的质疑;以基本医保全覆盖、养老保险覆盖 9 亿多人,形成世界最大的社会保障网;以 7.4 亿贫困人口的脱贫,创造了人类减贫史上的奇迹……改革开放催动了中国 40 年不停歇的前行,极大改善了近 14 亿人的生活,这本身就是对世界的巨大贡献。进入新时代,中国更是以年均对世界经济增长超过 30% 的贡献率,以推进"一带一路"建设、构建人类命运共同体,成为世界和平的建设者、全球发展的贡献者、国际秩序的维护者。

改革开放 40 年,中国主动融入经济全球化这个不可逆转的历史大势,成长为外媒眼中引领经济全球化的"新旗手"。30 多年前,肯德基在中国刚开业时,门前还满是好奇的眼睛;如今,浙江义乌的纪念品出货量，已成为能感知世界杯热门的"大数据"；1978 年底，经千挑万选，52 名中青年学者启程赴美留学，而 2017 年底，来华留学的外国留学生已经超过 50 万……无数细节都说明，40 年主动敞开大门、迈开大步，真正让中国赶上了世界潮流，融入了世界体系，成为历史的创造者、潮流的引领者。

中国的发展属于全世界，中国的发展经验也属于全世界。这不是说中国的改革开放是一种放之四海而皆准的模式，而是因为中国雄辩地证明了"走自己的路"的重要性。2016 年，在"南南合作与发展学院"学习时，莫桑比克财政部顾问说："我想学习中国的发展模式，找到适合我们国家发展的道路。"1979 年，中国的人均收入，还不到撒哈拉沙漠以南非洲国家的 1/3；而今天，非洲的许多国家正在学习中国，孵化出自己的"模式"。中国特色社会主义道路、理论、制度、文化不断发展，拓展了发展中国家走向现代化的途径，给世界上那些既希望加快发展又希望保持自身独立性的国家和民族提供了全新选择。

犹记 2018 年钟声即将响起之时，习近平主席在新年贺词中宣示：我们要以庆祝改革开放 40 周年为契机，逢山开路，遇水架桥，将改革进行到底。下一个 40 年，中国不会停下改革的脚步，中国不会关上开放的大门，世界的明天也会因为中国的变革与发展而越来越好。

（《人民日报》2018 年 12 月 14 日）

中国为什么能

三、逻辑Ⅱ：理论

这是需要理论且能产生理论的时代

——新中国 70 年巨变的内在逻辑④

人民日报评论部

这段时间,一档叫《这就是中国》的节目,收获了不少"粉丝"。"如何在世界和历史中定位中国?""怎么看待中国的经济增长?""中国的制度有什么优势?"……围绕着一张小圆桌,讨论、演讲、答问,让年轻观众们思考新中国 70 年发展背后的"理论力量"。

理论的力量,穿越时代。百年前,透过《新青年》编辑部的斗室,中国大地播撒下马克思主义的理论种子;陈望道翻译的《共产党宣言》,在 1920 年 8 月初次出版后立即销售一空。马克思主义,这一充满科学性和真理性、人民性和实践性、开放性和时代性的理论,让古老中国走出了"覆屋之下,漏舟之中"的危局,让亿万人民改变了"如笼中之鸟,牢中之囚"的命运。正如习近平总书记指出的:"马克思主义为中国革命、建设、改革提供了强大思想武器,使中国这个古老的东方大国创造了人类历史上前所未有的发展奇迹。"

时代是思想之母，实践是理论之源。习近平总书记曾多次强调，要"学会运用马克思主义立场、观点、方法观察和解决问题"，要"勇于推进实践基础上的理论创新"。立足新中国 70 年，能更深刻地理解这一要求。在中国沸腾的大地上、火热的实践中，马克思主义中国化不断推进，先后形成了毛泽东思想、邓小平理论、"三个代表"重要思想、科学发展观、习近平新时代中国特色社会主义思想。不断发展的马克思主义理论，如同前行道路上的指南针，引领着中国翻天覆地的巨变。可以说，新中国 70 年走过的历程，是一个不断运用马克思主义理论解决中国问题的历程，也是一个用中国实践的丰富养料不断浇灌马克思主义理论参天大树的历程。

"这是一个需要理论而且一定能够产生理论的时代，这是一个需要思想而且一定能够产生思想的时代。"世界每时每刻都在发生变化，中国也每时每刻都在发生变化。今天，中国特色社会主义进入新时代，我们的实践经验日渐丰富，我们的理论思考日益成熟，这些都成为培育当代中国马克思主义成长的沃土。正如恩格斯所说，"一个民族要想站在科学的最高峰，就一刻也不能没有理论思维。"伟大的时代呼唤伟大的理论。当代共产党人以巨大的理论勇气和实践智慧，创立了习近平新时代中国特色社会主义思想，科学回答了新时代坚持和发展什么样的中国特色社会主义、怎样坚持和发展中国特色社会主义的问题，完成了马克思主义中国化的又一次伟大飞跃，开辟了马克思主义发展新境界。

有学者说，中国 70 年发展是理论创新的"金矿"。的确，中国的理论创新，从一开始就吸引着世界的目光，也从一开始就拥有着世界视野。当今世界，正处于"百年未有之大变局"；当今中国，正日益走近世界舞台中央。当代中国共产党人，以宽广的眼界和包容的胸怀，将中国问题置于全球背景下来思考。从"一带一路"建设，到构建人类命运共同体，再到促进和而不同、兼收并蓄的文明交流……我们在思考中国特色社会主义发展的同时，也在思考全球治理、人类社会发展等国际性问题。立足中国、借鉴国外，挖掘历史、把握当代，关怀人类、面向未来，胸怀天下的中国智慧、中国方案，让中国理论拥有了世界视野和全人类的关怀，使马克思主义在 21 世纪的中国放射出更加灿烂的真理光芒。

"马克思主义并没有结束真理，而是开辟了通向真理的道路。"马克思主义的命运，早已同中国共产党的命运、中国人民的命运、中华民族的命运紧紧连在一起。前进道路上，坚定对科学真理的信仰，高扬马克思主义伟大旗帜，我们就一定能让马克思、恩格斯设想的人类社会美好前景，不断在中国大地上生动展现出来。

（《人民日报》2019 年 7 月 19 日）

向人类最伟大的思想家致敬

人民日报社论

科学的理论，跨越历史闪耀真理的光芒；伟大的思想，超越时代激发信仰的力量。

1818年5月5日，马克思在德国特里尔城诞生。两个世纪以来，这位"千年第一思想家"的英名和事业长存于世，极大推进了人类文明进程。在纪念马克思诞辰200周年大会上，习近平总书记深切缅怀马克思的伟大人格和历史功绩，深情重温马克思的崇高精神和光辉思想，深刻阐明了马克思主义的强大真理力量，明确宣示了中国共产党人对马克思主义的坚定信念，为我们在新时代坚持和发展马克思主义指明了方向、提供了遵循，必将进一步推动全党坚定马克思主义科学信仰、共产主义远大理想、中国特色社会主义共同理想，必将进一步开辟当代中国马克思主义、21世纪马克思主义新境界。

向人类最伟大的思想家致敬，是致敬一种伟大的人格。正如习近平总书记所指出的，马克思的一生，是胸怀崇高理想、为人类解放不懈奋斗的一生，是不畏艰难险阻、为追求真理而勇攀思想高峰的一生，是为推翻旧世界、建立新世界而不息战斗的一生。为了人类解放的崇高理想，他颠沛流离而初心不改、贫病交加而矢志不渝；为了创立科学理论体系，他毕生忘我工作，付出了常人难以想象的艰辛；为了改变人民受剥削、受压迫的命运，他满腔热情、百折不挠，始终站在革命斗争最前沿。马克思既是伟大的思想家也是伟大的革命家，他的崇高信念、坚定意志和不懈奋斗成就了他的伟大人生。

向人类最伟大的思想家致敬，是致敬一种光辉的思想。习近平总书记指出，马克思主义是科学的理论、人民的理论、实践的理论、不断发展的开放的理论，揭示了人类社会发展规律，创立了人民实现自身解放的思想体系，指引着人民改造世界的行动，始终站在时代前沿。这一科学理论犹如壮丽的日出，照亮了人类探索历史规律和寻求自身解放的道路。无论时代如何变迁、科学如何进步，马克思主义依然显示出科学思想的伟力，依然占据着真理和道义的制高点。

马克思主义不仅深刻改变了世界，也深刻改变了中国。马克思主义始终是我们党和国家的指导思想，是我们认识世界、把握规律、追求真理、改造世界的强大思想武器。中华民族从站起来、富起来到强起来的伟大飞跃，充分检验了马克思主义的科学性和真理性、充分贯彻了马克思主义的人民性和实践性、充分彰显了马克思主义的开放性和时代性。铁一般的事实证明，只有社会主义才能救中国、只有中国特色社会主义才能发展中国、只有坚持和发展中国特色社会主义才能实现中华民族伟大复兴。把共产主义远大理想同中国特色社会主义共同理想统一起来、同我们正在做的事情统一起来，共产主义理想就一定能够在不断改变现存状况的现实运动中一步一步实现。

中国共产党是用马克思主义武装起来的政党，中国共产党人是马克思主义的忠诚信奉者、坚定实践者，马克思主义是我们共产党人的"真经"。习近平总书记从九个方面，深入阐释了新时代如何学习马克思、学习和实践马克思主义的问题。学习马克思，就要学习和实践马克思主义关于人类社会发展规律的思想、关于坚守人民立场的思想、关于生产力和生产关系的思想、关于人民民主的思想、关于文化建设的思想、关于社会建设的思想、关于人与自然关系的思想、关于世界历史的思想、关于马克思主义政党建设的思想。深入领会马克思主义立场、观点、方法，才能不断从中汲取科学智慧和理论力量，更有定力、更有自信、更有智慧地坚持和发展新时代中国特色社会主义。

"马克思主义并没有结束真理，而是开辟了通向真理的道路。"要把科学思想理论转化为认识世界、改造世界的强大物质力量，就需要把科学社会主义基本原则同中国具体实际、历史文化传统、时代要求紧密结合起来，用马克思主义观察时代、解读时代、引领时代。进入新时代，面对前所未有的风险考验，中国共产党人用鲜活丰富的当代中国实践推动了马克思主义发展，形成了习近平新时代中国特色社会主义思想。这一具有原创性、时代性的 21 世纪中国的马克思主义，必将推动中华民族伟大复兴的进程，让科学社会主义在 21 世纪的中国焕发出强大生机活力。

今天，我们纪念马克思，是为了向人类历史上最伟大的思想家致敬，也是为了宣示我们对马克思主义科学真理的坚定信念。紧密团结在以习近平同志为核心的党中央周围，继续高扬马克思主义伟大旗帜，执着努力坚持和发展马克思主义，增强"四个意识"、坚定"四个自信"，我们就一定能让马克思、恩格斯设想的人类社会美好前景不断在中国大地上生动展现出来。

（《人民日报》2018 年 5 月 5 日）

走进更加昂扬的新时代

——新思想引领新征程①

张 铁

"铁路迷",不久前开始了一项计划:走遍中国 2306 座高铁站,拍摄一部纪录片,名字就是——《下一站:中国》。

下一站的中国,中国的下一站,的确让人充满想象。知其所来、识其所在,才能明其将往。新时代、新使命、新思想、新征程……18 日上午,党的十九大开幕,全世界都从习近平总书记的报告中,看到"中国号"巨轮行进到更为开阔的水域。迎难而上、开拓进取,当代中国共产党人以划时代的理论创新、实践创新,创立了习近平新时代中国特色社会主义思想,成为这个新时代的思想航标。3 万多字的报告,新思想是贯穿其中的灵魂。正是新思想开创了中国特色社会主义新时代,提出了中国共产党的新使命,开启了全面建设社会主义现代化国家的新征程。

一个国家,拥抱强盛的明天;一个民族,迎来复兴的前景;世界

40

社会主义长河，奔涌向前；人类社会发展道路，别开生面。习近平总书记强调，"中国特色社会主义进入新时代，在中华人民共和国发展史上、中华民族发展史上具有重大意义，在世界社会主义发展史上、人类社会发展史上也具有重大意义"。循着这四条历史的轴线，让我们走进这新的时代。

犹记新中国成立之初，毛泽东豪迈展望，"一张白纸，没有负担，好写最新最美的文字，好画最新最美的画图"；犹记改革开放之初，邓小平在日本新干线列车上感受到"催人跑的意思"，沉思"我们现在正合适坐这样的车"。今天，随处有最新最美的文字，随处见最新最美的画图；今天，"复兴号"列车350公里的时速，迈出从追赶到领跑关键一步，习近平总书记向世界宣示，中国正向着社会主义现代化强国进军。穿越革命和建设的洪流、激荡改革与发展的风云，中国开启实现民族复兴的新征程。

而当我们的眼光再往前看，中华民族百余年来的跌宕起伏，更让人心潮澎湃。1894年，孙中山在《兴中会章程》一开篇就浩叹，"中国积弱，至今极矣"。这位革命先行者，终其一生也未能见其心心念念之中国"发奋为雄"，"振兴中华"徒留怅然。而今天，我们充满自豪："中华民族正以崭新姿态屹立于世界的东方"；明天，我们更充满自信，"中华民族将以更加昂扬的姿态屹立于世界民族之林"。中华民族实现从站起来、富起来到强起来的伟大飞跃，将是一个古老民族从衰落走向复兴的伟大故事。

由国家而民族，给世界东方带来巨变的，是一面标志人类理想的大旗。从空想的"乌托邦""太阳城"，到"共产主义的幽灵"震撼世界，再到十月革命的炮响、苏共苏联的瓦解，世界社会主义500年，几多辉煌，也几多曲折。今天，社会主义事业在中国的发展，让《资本论》重新畅销，让"历史终结论"黯然破产，甚至让学者感叹"西方必须向中国学习社会主义"。中华大地百年沧桑，也正是世界社会主义事业从低潮而重兴的历程。

"我深知中国前途远大，深知中国的奋斗就是全人类的奋斗，中国的经验对全人类非常重要。"曾获诺贝尔奖的经济学家科斯曾如此说。中国所选择的道路、所提供的方案、所倡导的价值，拓展了发展中国家走向现代化的途径，充实了人类的制度宝库、治理宝库，更丰富着人类对未来世界的美好向往。有发展中国家政要感叹"只有中国可以经营五十年以后的世界"。

一切伟大的时代，都需要思想领航。走进中国特色社会主义新时代，不忘初心，牢记使命，以新思想引领新征程，我们党就一定能将更辉煌的成就写在未来。

（《人民日报》2017 年 10 月 19 日）

新思想，改变中国的伟力

——新思想引领新征程②

范正伟

"创造力、凝聚力、战斗力"。细心的人会发现，党的十九大报告中，对于过去5年我们党政党能力的变化，创造力的增强被置于首位。创造力体现在哪儿？最根本的体现，就是党的理论创新能力；最突出的标志，就是习近平新时代中国特色社会主义思想。这是贯穿3万多字报告的灵魂，也是解读党在新时代政治宣言的关键。

思想领先是最重要的领先。党的十八大以来，习近平总书记反复强调理论思维对治国理政的支撑作用，指出"我们党之所以能够历经考验磨难无往而不胜，关键就在于不断进行实践创新和理论创新"。如今，从"八个明确"的深刻内容，到"十四条坚持"的具体方略，在新的伟大斗争中形成的习近平新时代中国特色社会主义思想，有力彰显了我们党的伟大创造力。在这一思想体系中，对我国社会主要矛盾深刻变化的重大判断，与当年对社会主义初级阶段判断具有同样的划时代意义；提出社会主义现代化建设"两个 15 年"的总体设计，与上世纪"三步走"战略部署一样具有重大战略意义。可以说，习近平新时代中国特色社会主义思想是马克思列宁主义同中国实际相结合的又一次历史性飞跃。

一个新时代的到来，总是以新思想、新理论为标志。砥砺奋进的五年，中国之所以发生历史性变革，之所以取得历史性成就，关键就在于有新思想指引。明确坚持和发展中国特色社会主义的总任务，明确"五位一体"总体布局和"四个全面"战略布局，明确全面深化改革的总目标，明确中国特色大国外交要推动构建新型国际关系……正是因为有了"理论的支撑"，我们党才能带领人民在迅速变化的时代中赢得主动，在新的伟大斗争中赢得胜利，让中国特色社会主义走进新时代。习近平新时代中国特色社会主义思想的形成，是过去 5 年最具深远意义的成就，也是党的十九大报告的最大亮点。

"中国以后要变成一个强国，各方面都要强"，习近平总书记的这句话，道出了当代共产党人的历史担当。百余年前，有人把中国的落后，概括为器物、制度、观念三个层面的落后。如今，中国对世界经济增长 30% 左右的平均贡献率，超过美国、欧元区和日本贡献率的总和，成为推动世界经济增长的关键力量。与此同时，支撑中国发展的中国理念，被寄予了开掘人类发展动力的厚望。在过去 5 年，思想的伟力不仅带来当代中国的历史性变革，也以广阔的人类视野、超凡的政治智慧、卓越的战略眼光，吸引了整个世界的关注。《习近平谈治国理政》在 160 多个国家和地区，发行了 600 多万册，成为当今世界最有影响力的领导人著作之一。日前开播的美国纪录片《中国：习近平时代》监制认为，"过去 5 年，习近平主席的政策视野充分体现了继承与创新，已经成为中国历史新的里程碑"。

96 年前，在旧时代的余晖中，中国共产党先驱李大钊说："黄金时代，不在我们背后，乃在我们面前；不在过去，乃在将来。"从站起来、富起来到强起来，中华民族的伟大复兴不仅是综合国力的提升，更是一种古老文明的浴火重生，是一次包涵了丰富价值内涵与制度体系的"文明的崛起"。以新思想引领新时代、以新使命开启新征程，21 世纪中国的马克思主义，必将展现出更强大的真理力量。

（《人民日报》2017 年 10 月 20 日）

铭记 2017 年秋天的思想光芒

——把握住我们的新时代

姜　赟

世界社会主义浪潮，起伏奔涌 500 年，在 2017 年的秋天绽放新的光芒。10 月 24 日，在党的十九大闭幕会上，习近平新时代中国特色社会主义思想正式写入中国共产党章程，人民大会堂里的掌声，经久不息。这意味着，全党全国各族人民拥有了实现中华民族伟大复兴的行动指南，科学社会主义在 21 世纪的中国焕发出强大生机活力，中国特色社会主义伟大旗帜在世界上高高擎起。

任何理论都属于它的时代。十月革命一声炮响送来的"真理之光"，穿越革命岁月的浩荡洪流，历经建设年代的火热浪潮，激荡改革开放的时代风云，产生了毛泽东思想、邓小平理论、"三个代表"重要思想、科学发展观，洞穿历史迷雾，破除发展障碍，使中国大踏步赶上人类文明发展的潮流。而党的十八大以来，我国取得了全方位的、开创性的成就，发生了深层次的、根本性的变革，中国特色社会主义进入了新时代。这是理论催生的实践，这是思想展现的伟力。判断新的历史方位、回答新的时代之问、明确新的使命担当，习近平新时代中国特色社会主义思想的诞生，是历史规律、客观必然，是中国共产党创造力的充分体现。

有人说，如果将习近平新时代中国特色社会主义思想比作一座智慧宫殿的话，那么，"八个明确"就是房梁，清晰阐明了新时代坚持和发展什么样的中国特色社会主义；"十四条坚持"就是柱子，具体谋划了怎样坚持和发展中国特色社会主义。美国《华尔街日报》网站评价，"这一思想似乎涵盖了中国继续发展面临的所有决策和涉及的所有挑战"。习近平新时代中国特色社会主义思想创造性地回答了实践和时代提出的重要课题，体现了习近平总书记广阔的人类视野、超凡的政治智慧、卓越的战略眼光，也开辟了马克思主义新境界、中国特色社会主义新境界、治国理政新境界、管党治党新境界。

在十九届中央政治局第一次集体学习上，习近平总书记强调领导干部不仅要有担当的宽肩膀，还得有成事的真本领。真本领从何而来？正是从习近平新时代中国特色社会主义思想中来。江西井冈山市委书记刘洪曾这样总结井冈山市率先脱贫摘帽的经验：没有我们党创新理论的指引，没有广大人民群众的顽强拼搏，就没有井冈山脱贫摘帽的伟大胜利。诚如斯言，过去5年的"极不平凡"，昭示新思想的磅礴伟力；未来征程的开拓进取，更需将新思想落实到新实践。随着时间的推移和实践的发展，这一科学理论的历史地位和实践意义必将更加充分地彰显。

党的理论创新每前进一步，党的理论武装就跟进一步。毛泽东曾经指出："掌握思想教育，是团结全党进行伟大政治斗争的中心环节。

如果这个任务不解决，党的一切政治任务是不能完成的。"新征程上，不可能都是平坦的大道，我们将会面对许多重大挑战、重大风险、重大阻力、重大矛盾。中国已经成为世界经济的"稳定之锚"，但发展不平衡不充分的问题仍然存在；1500 多项改革举措挺进"深水区"，可"硬骨头"仍有很多待啃；美丽中国的画卷不断铺展开来，生态短板依旧显著……面对追求更高质量发展的种种难题，我们正需撸起袖子时刻准备搬石清障。只有用习近平新时代中国特色社会主义思想武装头脑、凝聚力量，才能找寻到爬坡过坎的智慧、凝聚起攻坚克难的力量，不断打开事业发展新局面，以新作为让新时代呈现新气象。

科学的理论只要同实践结合、被人民掌握，就会散发出真理的光芒，产生无穷的力量。我们坚信，有新思想的引领，"中国号"航船即便遭遇乱云飞渡、激流险滩，也能在中国共产党的领航下，驶向潮平岸阔的水域。

（《人民日报》2017 年 10 月 30 日）

理论创新引领航程

——从十八大到十九大

人民日报评论部

有这样一个细节耐人寻味。

2015 年 3 月的博鳌亚洲论坛上，法国前总理拉法兰请习近平主席在自己研读过的那本《习近平谈治国理政》上签名。

这本书，拉法兰从第一句读到最后一句，不仅认真做了读书笔记，还做了书摘发布在自己的网站上。他评价中国领导人"目光长远"，感叹习近平主席的"政治抱负、治国理念、宏大规划和真情实感"，推荐大家都要读一读这本不寻常的书。

作为中国共产党理论创新的最新成果，《习近平谈治国理政》在全世界 160 多个国家和地区，发行了 600 多万册，是当今世界最有影响力的领导人著作之一。那些惊叹于中国这些年"奇迹般"进步的人，那些认定"自己应该走哪条路，未来在哪里，就请看看中国"的人，都知道，这本书蕴藏着中国共产党人"独到的治理之道"，有着"属于自己的理论"。

过去的 5 年，对于中国而言，确实是一个不断形成创新理论的伟大时代。提出中华民族伟大复兴"中国梦"，明确"两个一百年"奋斗目标，统筹"四个伟大"，坚定"四个自信"，推进"五位一体"总体布局和"四个全面"战略布局，提出创新、协调、绿色、开放、共享的新发展理念……党的十八大以来，习近平总书记以更宽广的视野、更长远的眼光，思考与把握国家当前和未来发展面临的一系列重大战略问题，在实践基础上推进理论创新，把我们对共产党执政规律、社会主义建设规律、人类社会发展规律的认识提高到新水平。

理论唯有"常新"，才能"常青"。从空想到科学，从理论到实践，从苏联模式到中国道路，世界社会主义运动 500 年大河奔涌，面对经济全球化、社会信息化的时代场景，如何继续高擎这面张扬人类理想的大旗？自十月革命一声炮响给中国送来马克思主义，经新中国成立后的艰辛探索，改革开放以来开创与发展了中国特色社会主义，当中国站上新的历史起点，如何继续写好这篇指引复兴征程的大文章？明确"中国特色社会主义"这个主题，抓住"治国理政"这个关键，在继承中发展，在开拓中创新，5 年来，以习近平同志为核心的党中央书写理论新篇章，这是当代中国最鲜活、最管用的马克思主义，让社会主义在中国焕发出强大生机活力并不断开辟发展新境界，让中国特色社会主义进入新的发展阶段。

"现实的成功是最好的理论，没有一种抽象的教条能够和它辩论。"年均经济增长 7.2%，年均脱贫人口超过 1300 万，"走出去"的高铁、核电，"长起来"的雄安新区，全面深化改革搭起四梁八柱，中国话语世界影响持续上升……巨大的发展成就，生动诠释了以习近平同志为核心的党中央治国理政新理念新思想新战略。以"鞋子论"说明制度要适合国情，以"笼子论"宣示制度反腐路径，以"眼睛""生命"强调生态文明建设，以"根"和"魂"倡导优秀传统文化……这些生动的表达背后，是习近平总书记立足历史方位、发展大局的理论思考。"时代是思想之母，实践是理论之源"，理论与实践良性互动、相互激荡，让我们在迅速变化的时代中赢得了主动，中国人民伟大梦想的航船一路破浪前行。

中国特色社会主义给世界 1/5 人口开辟国家富强、民族振兴、自身幸福的光明前景，也给世界人民带来和平发展的新希望。这不仅仅是对世界经济增长 30% 左右的平均贡献率，不仅仅是以"一带一路"建设、金砖国家合作等推动世界"合唱"，也不仅仅是以构建人类命运共同体实现共赢共享，更是以实践基础上的理论创新，丰富了马克思主义世界观和方法论，拓展了发展中国家走向现代化的途径，为解决人类问题贡献了中国智慧、提供了中国方案。在这个大发展大变革大调整的时代，和平赤字、发展赤字、治理赤字仍是摆在全人类面前的严峻挑战，中国发展给世界注入信心，中国思考为世界指引方向，中国理论让世界看到更多可能性，这正是中国为人类做出的"新的更大的贡献"。

坚持和发展中国特色社会主义是一篇大文章，习近平总书记强调，"我们这一代共产党人的任务，就是继续把这篇大文章写下去"。不断推进理论创新，不断发展党的理论，就一定能让马克思主义在当代中国放射出更加灿烂的真理光芒，照耀中华民族伟大复兴的征程。

（《人民日报》2017 年 10 月 13 日）

中国为什么能

四、逻辑Ⅲ：制度

当代中国发展进步的根本制度保障

——新中国 70 年巨变的内在逻辑⑤

人民日报评论部

贵州石阡、四川康定、广西左江……截至今年 5 月中旬，中西部的 283 个县摘掉了"贫困帽"。至此，全国 436 个县告别贫困，占全部贫困县的 52.4%。尽锐出战，精准施策，决胜全面小康，亿万人民信心满满。这样的"脱贫奇迹"也让越来越多人看到，新中国 70 年辉煌成就的背后，是我们扭住完善和发展中国特色社会主义制度这个关键，为解放和发展社会生产力、解放和增强社会活力、永葆党和国家生机活力提供了有力保证。

正如习近平总书记指出的，中国特色社会主义制度是当代中国发展进步的根本制度保障。70 年来，从一穷二白到稳居世界第二大经济体、日益走近世界舞台中央，卓越的发展能力充分诠释了中国的制度优势、充分证明了中国的制度效能。坚持基本经济制度，确保"两个毫不动摇"，坚持党的领导、人民当家作主、依法治国有机统一，坚持人民代表大会制度、中国共产党领导的多党合作和政治协商制度、民族区域自治制度、基层群众自治制度，加强文化领域制度、社会治理制度、生态文明制度建设……中国特色社会主义制度，为保持社会大局稳定、保证人民安居乐业、保障国家安全提供了有力支撑。

发展政治学认为，制度化是政治体系在组织上和程序上获得价值和稳定性的过程。中国特色社会主义制度是经过长期探索实践逐步建立和发展起来的，凝结着几代中国共产党人的智慧和心血。新中国的成立，社会主义基本制度的确立，为当代中国一切发展进步奠定了根本的政治前提和制度基础；改革开放的推进，使中国特色社会主义制度体系最终形成，为当代中国发展进步提供了根本制度保障。可以说，中国特色社会主义制度承接文化传统而有其源，熔铸红色基因而有其根，符合现实国情而有其据，激发发展能力而有其道。

中国特色社会主义制度的最大优势是中国共产党领导。发挥党总揽全局、协调各方的领导作用，集中力量办大事，彰显中国特色社会主义制度的独特优势。以科技发展为例，这些年来，"天眼"探空、"蛟龙"探海、"嫦娥"探月、量子计算……没有国家体制的支撑，怎么可能取得这些重大突破？法国前总理德维尔潘总结，"中国所具有的集中力量和长期奋斗的决心是西方国家所经常缺乏的"。能够集中力量办大事，具备强大的动员能力、整合能力和执行能力，这些制度优势将继续引领中国前行。

扎根于中国土壤，是中国特色社会主义制度的深厚基础。中国的制度模式之所以行得通、有生命力、有效率，就是因为它是从中国的土壤中生长起来的。要看到制度的"枝叶"，更要看到制度的"土壤"。那些盲目移植他国制度造成水土不服的国家，或是困于无效治理，或是陷入社会动荡。就此而言，中国的制度模式不仅提供了现代化的另一种选择，更重要的是以成功的实践雄辩地证明："好制度"不是抽象的，不能指望来一座制度上的"飞来峰"，只有立足本国文化传统和现实国情的制度模式，才能有根、有源、有生命力。

习近平总书记强调，"必须坚持完善和发展中国特色社会主义制度，不断发挥和增强我国制度优势。"常制不可以待变化，一涂不可以应无方。不断自我完善，才能不断释放中国特色社会主义制度的活力。有人说，中国的改革就是在根本制度不变的前提下进行体制机制调整。中国特色社会主义制度始终保持旺盛活力，正是因为我们将坚守道路与自我完善并举、将原则的坚定性与策略的灵活性结合起来，在坚持根本政治制度的基础上，不断推进制度体系完善和发展。

从形成更加成熟更加定型的制度看，我们还要继续推进完善和发展中国特色社会主义制度，为党和国家事业发展、为人民幸福安康、为社会和谐稳定、为国家长治久安提供一整套更完备、更稳定、更管用的制度体系。站在新中国成立 70 年的时间节点上，我们走过千山万水仍需跋山涉水，取得辉煌成就仍然任重道远。不断完善制度保障，不断发挥制度优势，就一定能让中华民族在复兴之路上劈波斩浪、一往无前。

（《人民日报》2019 年 7 月 22 日）

制度创新继往开来

——从十八大到十九大

人民日报评论部

历史性变革，孕育于砥砺奋进的步伐之中。10 月 15 日，一份《党的十八大以来大事记》，记录下 5 年来的一个个脚印，让人们窥见中国奇迹背后的密码。

有人发现，这份沉甸甸的成绩单中，制度建设的内容占到很大比重。从八项规定到整治"裸官"，从政府职能转变到司法体制改革，从户籍管理到高考招生，用制度尺子定规矩，用制度笼子防贪腐，用制度框子促发展，全方位、深层次的制度创新，是把握过去 5 年成就与变革的一个关键入口。

"制度设计""制度建设""制度安排""制度完善""制度保障""制度衔接"……习近平总书记系列重要讲话中，"制度"这一手棋牵动着治国理政全局，制度创新不仅成为一个系统工程，更成为一个基础工程。5 年来，以习近平同志为核心的党中央着力推进制度创新，全面深化改革、全面依法治国、全面从严治党成为"四个全面"战略布局重要环节，一整套更完备、更稳定、更管用的制度体系正在形成与完善，保障着人民幸福安康、维护着社会和谐稳定、促进了国家长治久安，让"复兴号"在圆梦征程上一往无前。

时钟回拨。1992 年，邓小平坦言"恐怕再有三十年的时间，我们才会在各方面形成一整套更加成熟、更加定型的制度"。为什么要 30 年？一是因为各种制度成熟定型需要时间；二来也是因为，那些管根本、管长远的制度，必然源于长期实践的总结，必然要满足长期实践的需要。接过历史的接力棒，以习近平同志为核心的党中央顺应发展大势，把推动中国特色社会主义制度更加成熟更加定型，当做摆在面前的一项重大历史任务。搭架子、定规矩、划边界，从实践中来又回到实践中去，5 年探索筑牢了执政兴国的基础，为未来的中国积累下宝贵的"制度财富"。

有人统计，在中央深改组总共 38 次会议的新闻通稿中，"制度"出现了 297 次，是仅次于"改革"的高频词。这体现出执政党清晰的制度思维、坚定的制度理念。扶贫是世界性难题，世界银行在很多国家的扶贫项目打了水漂，为何中国赢得了脱贫攻坚的巨大成功？这背后是资金调配、贫困识别、产业发展、干部动员等一系列堪称"精准"的体制机制。环保并非一个新概念，长期以来却是说起来重要做起来次要，为何在这几年取得突破性进展？这离不开制度化的环保督察与"党政同责""一岗双责"的责任追究。让改革于法有据、让发展有章可循，说到底为了以改革突破瓶颈、让发展走上新路。从制度出发，才能理解为何"国家治理体系和治理能力现代化"成为全面深化改革总目标的内容，才能理解为何外国观察家会认为中国正在进行一场"静悄悄的建构的革命"。

制度创新，也是执政党自身的一场"革命"。5 年来，从出台八项规定开始，制度之笼越扎越紧、越扎越密。《中国共产党廉洁自律准则》《中国共产党问责条例》《中国共产党纪律处分条例》《中国共产党巡视工作条例》……出台和修订 80 余部党内法规，构成了严密、管用的党内法规体系，为个人扣上"风纪扣"，把权力关进"制度笼"，美国《赫芬顿邮报》感叹，中共的党内治理是"最具创新力"的举措。从坚决维护党中央权威和集中统一领导，到严明政治纪律和政治规矩、严肃党内政治生活，再到营造风清气正的良好政治生态，围绕全面从严治党的"制度集合"，让党的创造力、凝聚力、战斗力和领导力、号召力显著增强，为中国发展铸造了一个更坚强的领导力量。

或许，拉开历史视野，才更能看到这 5 年来制度创新的意义。在长期实践基础之上的制度创新，为治理找到了抓手，为发展扫除了障碍，为未来打好了基础，增强了决策的稳定性、工作的连续性，更让制度思维成为一种基本的思维，让事业发展有保障、让人民对未来有更稳定的预期。我们党执政兴国的历史，就是一部制度创新史；走向复兴的征程，也将是一个制度创新的征程。未来，同样需要与时俱进推动制度创新，补足短板、完善不足，避免制度成为"稻草人""泥菩萨"，不断开创"中国制度"新境界。

党的十九大马上就要召开了。这是一次为未来中国划定航程的大会，必将进一步推动理论创新、实践创新、制度创新的步伐，"让制度更加成熟定型，让发展更有质量，让治理更有水平，让人民更有获得感"，引领承载着中国人民伟大梦想的航船破浪前行，胜利驶向光辉的彼岸。

（《人民日报》2017 年 10 月 17 日）

让思想与制度"刚柔相济"

——以好经验开创全面从严治党新局面

白　龙

"我们关注中国共产党领导层和党员坚守党纪的各种努力。我们希望能分享中共全面从严治党的成功经验。"中国共产党在全面从严治党方面的成就日益引起世界关注。一个有着8900多万党员的大党，是如何严明政治规矩，实现使命担当的？几年来，这一问题占据了一些国家的媒体头条，也是其他政党试图求解的内容。

在十九届中央纪委二次全会上，习近平总书记对这些经验做了全面总结。其中首要的一条经验，就是"坚持思想建党和制度治党相统一"。这一宝贵经验既来自党的光辉历史，也来自5年来全面从严治党的丰富实践。思想建党旨在坚定理想信念的立党之魂，制度治党重在筑牢严明党纪的固党之基；思想建党管的是思想的"总开关"，制度建党则是架起行为的"高压线"；思想管党春风化雨、无微不至，制度管党雷厉风行、令行禁止。思想与制度一柔一刚、刚柔并济，二者同向发力、相辅相成，确保了全面从严治党砥砺前行。

思想是行动的先导，思想一松劲，行动退千寻。党的十八大以来，通过党的群众路线教育实践活动、"三严三实"专题教育、"两学一做"学习教育等，党员干部普遍受到了理想信念方面的思想洗礼。十八大以来查处的一系列案件也说明，不论是党的意识淡漠、主体责任缺失、对党的路线方针政策阳奉阴违，乃至"四风"问题出现的新变种等，根子都在于没有守好思想的"总开关"，导致精神钙质流失乃至误入歧途。正是在这个意义上，习近平总书记强调，"党性教育是共产党人修身养性的必修课"。这门课也是共产党人的"心学"，修好这门"心学"，才能让党员干部在各种风险考验面前秉持正确的是非观和义利观。

制度治党的实践体现着思想建党的要求。好的制度如同堤坝，导引善行、阻挡贪念。十八大以来，制度治党驶入快车道。从颁布实施新修订的《中国共产党廉洁自律准则》和《中国共产党纪律处分条例》，到出台《关于新形势下党内政治生活的若干准则》，再到十九届中央政治局第一次会议审议的《中共中央政治局贯彻落实中央八项规定的实施细则》，无不标志着制度治党不断迈上新台阶，持续改善着党内政治生态。不仅如此，步入新时代以来的制度治党，一个显著特征就是着眼全球，以具有国际视野的治理之道，使一党的治理经验具有了更为普遍的意义。

需要看到，在一些党组织和个别党员干部身上，还存在着思想建党和制度治党"两张皮"现象。此次的中纪委二次全会公报特别指出，"坚决清除对党不忠诚不老实、阳奉阴违的两面人、两面派"，还提出要关注"四风"问题新表现新动向，"对表态多调门高、行动少落实差的严肃问责",等等。清除这些"两面人、两面派""调门高、行动少"现象，不能只依靠思想教育，也不能只依靠制度，而必须坚持思想自律和制度他律的有机统一。正如习近平总书记指出的，"制度不在多，而在于精，在于务实管用，突出针对性和指导性"。针对性和指导性来自何处？就来自于把思想建党的成果转化为制度治党的内容，让制度治党的规范体现思想建党的要求，使思想建党与制度治党同时发力、互相加强。

习近平总书记强调，以永远在路上的执着把全面从严治党引向深入。今年是贯彻党的十九大精神的开局之年，也是改革开放 40 周年。随着世情、国情、党情的深刻变化，反腐败斗争形势依然严峻复杂，全面从严治党也面临新的、更高的要求。以思想建党坚定理想信念，以制度治党推动政治文明，全面从严治党刚柔相济、久久为功，必将更好营造风清气正的良好政治生态，为决胜全面建成小康社会凝聚起不竭动力。

（《人民日报》2018 年 1 月 16 日）

书写人类政治文明的中国贡献

李　拯

　　"它不仅符合当代中国实际，而且符合中华民族一贯倡导的天下为公、兼容并蓄、求同存异等优秀传统文化，是对人类政治文明的重大贡献"。在全国政协联组会上，习近平总书记以"新型政党制度"定义中国共产党领导的多党合作和政治协商制度，铿锵有力的话语，洋溢着对中国道路的充分自信。

　　政党政治是现代政治的主要运作方式，政党制度则是政党政治的运转基础。近些年来，一些国家的政党之间渐渐从相互制衡走向相互攻讦，尤其在国家发展面临重大转折时，常常因内耗严重而延误机遇。这与中国的执政党与参政党不打"拳击赛"、坚持"接力赛"的良性民主形成鲜明对比，世界政党政治发展出现了"向东看"的新趋向。

　　毛泽东同志早就说过，我们政府的性格，是跟人民商量办事的。

新型政党制度不同于旧式政党制度只代表少数人的利益，而是具有广泛的代表性、极大的包容性。两会前夕，人民网推出"2018两会调查"网上征集活动，420多万名网民参与互动、表达诉求；在全国各地，"请政协提出决策建议""先听听群众意见"，渐成党委决策的新模式。"能够真实、广泛、持久代表和实现最广大人民根本利益、全国各族各界根本利益"，这让新型政党制度能够始终植根人民，始终为最广大人民的根本利益服务，避免政党成为少数利益集团的代言人。

就连国际媒体也承认，中国的政治模式比西方更有效率。新型政党制度，既强调中国共产党的领导，也强调发扬社会主义民主。反观一些国家，多党竞逐、相互倾轧，形成了"我办不成事也不能让你办成"的"否决型政体"，导致反复拉锯、甚至运行停滞。"有效避免了一党缺乏监督或者多党轮流坐庄、恶性竞争的弊端"，中国的新型政党制度实现了集中领导和发扬民主、有序参与和充满活力的有机统一，既能实现政治参与、利益表达和民主监督，又具有强大的社会整合能力，体现出集中力量办大事的制度优势。

每一颗民主的种子都需要找到适合的文化土壤。今天，"有事多商量、有事好商量、有事会商量"，逐渐成为中国的社会共识。从国家层面看，政党协商内容进一步明确，程序进一步规范，机制进一步完善，成效和水平进一步提高。党的十八大以来，中共中央、国务院召开或委托中央统战部召开的协商会、座谈会、通报会共百余次，其中中共中央总书记主持召开或出席的就达20多次；在地方层面，协商民主正在处处落地生根，作为基层协商民主典范的温岭恳谈，被国际观察家称为"实现民主的一种途径"。中国的新型政党制度让"众人的事情由众人商量"成为现实，"通过制度化、程序化、规范化的安排集中各种意见和建议、推动决策科学化民主化"。

共产党领导、多党派合作，共产党执政、多党派参政，新型政党制度不仅厚植于中国土壤、体现着中国文化，在制度建构层面更体现着中国创造和中国智慧。它的成功实践证明着习近平总书记的论断："实现民主的形式是丰富多样的，不能拘泥于刻板的模式，更不能说只有一种放之四海而皆准的评判标准。"正所谓，"本土的民主常常是最好的民主形式"。新型政党制度在中国的开枝散叶、蓬勃生长，走出了中国政治文明独特的发展道路，更为人类的政党政治和政治文明提供了另一种可能性。

"各民主党派、各人民团体、各社会贤达迅速召开政治协商会议"，70 年前的"五一口号"在今天仍然动人心魄。中国的新型政党制度从薪火相传的文明传承中走来，从战火烽烟的近代历史中走来，从激情燃烧的革命、建设、改革实践中走来，并昂首走向未来——"中国共产党人和中国人民完全有信心为人类对更好社会制度的探索提供中国方案"。

（《人民日报》2018 年 3 月 5 日）

推进国家治理现代化的一场深刻变革

—— 一论学习贯彻党的十九届三中全会精神

机构改革是一场自我革命，是一场国家治理的深刻变革。

党的十九届三中全会审议通过了《中共中央关于深化党和国家机构改革的决定》和《深化党和国家机构改革方案》，这是以习近平同志为核心的党中央站在党和国家事业发展全局，适应新时代中国特色社会主义发展要求作出的重大决策部署，是着眼实现全面深化改革总目标的重大制度安排，是推进国家治理体系和治理能力现代化的一场深刻变革，对于提高党的执政能力和领导水平，广泛调动各方面积极性、主动性、创造性，有效治理国家和社会，推动党和国家事业发展，都具有重大意义，也必将发挥重要作用。

党和国家机构职能体系是中国特色社会主义制度的重要组成部分，是我们党治国理政的重要保障。党的十八大以来，我们党紧紧围绕完善和发展中国特色社会主义制度、推进国家治理体系和治理能力现代化这个总目标全面深化改革。加强党的领导，坚持问题导向，突出重点领域，5 年多来，我们党致力深化党和国家机构改革，在一些重要领域和关键环节取得重大进展，为党和国家事业取得历史性成就、发生历史性变革提供了有力保障。

但也必须看到，面对新时代新任务提出的新要求，党和国家机构设置和职能配置同统筹推进"五位一体"总体布局、协调推进"四个全面"战略布局的要求还不完全适应，同实现国家治理体系和治理能力现代化的要求还不完全适应。比如，一些领域党的机构设置和职能配置还不够健全有力，保障党的全面领导、推进全面从严治党的体制机制有待完善；一些政府机构设置和职责划分不够科学，职责缺位和效能不高问题凸显，政府职能转变还不到位；一些领域权力运行制约和监督机制不够完善，滥用职权、以权谋私等问题仍然存在；等等。这些问题若不抓紧解决，将会影响到党的十九大确立的宏伟目标的实现，影响到党和国家事业的顺利发展。

"明者因时而变，知者随事而制。"在新时代，我们党要统揽伟大斗争、伟大工程、伟大事业、伟大梦想，就必须加快推进国家治理体系和治理能力现代化，努力形成更加成熟、更加定型的中国特色社会主义制度。这是摆在我们党面前的一项重大任务。我国发展新的历史方位，我国社会主要矛盾的变化，党的十九大描绘的新时代宏伟蓝图，迫切要求我们通过科学设置机构、合理配置职能、统筹使用编制、完善体制机制，使市场在资源配置中起决定性作用、更好发挥政府作用，更好推进党和国家各项事业发展，更好满足人民日益增长的美好生活需要，更好推动人的全面发展、社会全面进步、人民共同富裕。在这个意义上，深化党和国家机构改革这场推进国家治理现代化的深刻变革，必将推动我国经济社会发展发生深刻变化。

今年是改革开放40周年。纪念改革的最好方式，就是以逢山开路、遇水架桥的精神，不断在改革开放上有新作为，将改革进行到底。深化党和国家机构改革，是新时代坚持和发展中国特色社会主义的必然要求，是加强党的长期执政能力建设的必然要求，是社会主义制度自我完善和发展的必然要求，是实现"两个一百年"奋斗目标、建设社会主义现代化国家、实现中华民族伟大复兴的必然要求。让我们紧密团结在以习近平同志为核心的党中央周围，认真学习贯彻党的十九届三中全会精神，统一思想、坚定信心、抓住机遇、锐意改革，下决心解决党和国家机构职能体系中存在的障碍和弊端，不断构建系统完备、科学规范、运行高效的党和国家机构职能体系，为决胜全面建成小康社会、开启全面建设社会主义现代化国家新征程、实现中华民族伟大复兴的中国梦提供有力制度保障。

（《人民日报》2018年3月1日）

为民族复兴提供有力宪法保障

人民日报社论

　　九鼎重器，百炼乃成。第十三届全国人民代表大会第一次会议，表决通过了宪法修正案。这是时代大势所趋、事业发展所需、党心民心所向，是推进全面依法治国、推进国家治理体系和治理能力现代化的重大举措，对更好发挥宪法在新时代坚持和发展中国特色社会主义中的重大作用，为实现"两个一百年"奋斗目标和中华民族伟大复兴的中国梦提供有力宪法保障，具有重大现实意义和深远历史意义。

　　习近平总书记强调，坚持依法治国首先要坚持依宪治国，坚持依法执政首先要坚持依宪执政。从中央政治局决定启动宪法修改工作，到《中共中央关于修改宪法部分内容的建议》在党内外一定范围征求意见；从党的十九届二中全会审议通过《中共中央关于修改宪法部分内容的建议》，到全国人大常委会形成《中华人民共和国宪法修正案（草案）》的议案，提请第十三届全国人民代表大会第一次会议审议并通过，这次宪法修改，始终贯穿科学立法、民主立法、依法立法精神和原则，是我们党领导立法、保证执法、支持司法、带头守法的生动实践，是坚持党的领导、人民当家作主、依法治国有机统一的生动体现。

"法与时转则治，治与世宜则有功。"宪法是治国安邦的总章程，是党和人民意志的集中体现，在我们党治国理政活动中具有十分重要的地位和作用。在保持宪法连续性、稳定性、权威性的基础上，推动宪法与时俱进、完善发展，这是我国法治实践的一条基本规律。从1954年我国第一部宪法诞生至今，我国宪法一直处在探索实践和不断完善过程中。1982年宪法公布施行后，分别进行了5次修改。通过修改，我国宪法在中国特色社会主义伟大实践中紧跟时代步伐，为改革开放和社会主义现代化建设提供了根本法治保障。实践证明，及时把党和人民创造的伟大成就和宝贵经验上升为国家宪法规定，实现党的主张、国家意志、人民意愿的有机统一，是我们党治国理政的一条成功经验。

中国特色社会主义进入新时代，这是我国发展新的历史方位。我国宪法必须随着党领导人民建设中国特色社会主义实践的发展而不断完善发展。确立习近平新时代中国特色社会主义思想在国家政治和社会生活中的指导地位，把"中国共产党领导是中国特色社会主义最本质的特征"写入宪法总纲第一条，完善国家主席任期任职制度，深化国家监察体制改革……这次宪法修改，根据新时代坚持和发展中国特色社会主义的新形势新任务，把党的十九大确定的重大理论观点和重大方针政策载入国家根本法，把党和人民在实践中取得的重大理论创新、实践创新、制度创新成果上升为宪法规定，体现了党和国家事业发展的新成就新经验新要求，必将更好地发挥宪法的规范、引领、推动、保障作用，在法治轨道上更好地坚持和发展中国特色社会主义。

习近平总书记指出，"维护宪法权威，就是维护党和人民共同意志的权威。捍卫宪法尊严，就是捍卫党和人民共同意志的尊严。保证宪法实施，就是保证人民根本利益的实现"。修改宪法是为了更好实施宪法，更好发挥宪法的国家根本法作用。全面贯彻实施宪法，是建设社会主义法治国家的首要任务和基础性工作。我们要以这次宪法修改为契机，把实施宪法摆在新时代全面依法治国的突出位置，采取有力措施加强宪法实施和监督工作，为保证宪法实施提供强有力的政治和制度保障，把依法治国、依宪治国提高到一个新水平。

翻开宪法序言，从站起来、富起来到强起来，中华民族伟大复兴的历程清晰可见。中国特色社会主义的伟大实践，在国家根本法上留下辉煌篇章。踏上新征程、奋进新时代，维护宪法作为国家根本法的权威地位，更好发挥宪法治国安邦总章程的作用，中国特色社会主义道路就一定能越走越宽广，我们就一定能实现中华民族伟大复兴的中国梦。

（《人民日报》2018 年 3 月 12 日）

监察体制改革彰显果断行动力

姜 洁

　　2月25日，随着广西大新县监察委员会正式成立，全国省、市、县三级监察委员会已全部完成组建。党的十九大作出将监察体制改革试点工作在全国推开的重大决策部署后，短短3个多月时间，省、市、县三级监察委员会就全部组建完成，人员、编制、场所等问题悉数解决，各地推进改革的速度令人惊叹。

　　监察体制改革缘何能做到蹄疾步稳、又快又好？首先离不开党中央高瞻远瞩、精心谋划，分步走的战略部署起到关键作用。2016年11月决定在北京、山西、浙江开展国家监察体制改革试点，等试点经验成熟后向全国推开。事实证明，3个试点地区在一年的先行试点过程中，大胆实践、勇于创新，积极探索监察体制改革的具体路径，始终坚持审慎稳妥推进试点工作，圆满完成试点任务，推动国家监察体制改革取得重要阶段性成果，为在全国推开试点提供了示范样本和实践经验。

其次，各地区根据中央确定的"路线图"和"时间表"，按图施工、倒排工期、挂图作战，确保如期完成改革任务。党中央作出在全国推开国家监察体制改革试点工作的重大决策部署后，各试点地区切实提高政治站位和政治觉悟，把坚持和加强党的全面领导贯穿改革始终。各试点地区党委强化集中统一领导，把改革试点工作列入党委常委会重要议事日程，纳入党委全会工作部署，由原来侧重"结果领导"转变为"全过程领导"。各地成立深化监察体制改革试点工作小组，由党委书记担任组长，扛起"施工队长"的重任；省纪委负专责，全面抓好改革试点方案的组织实施和具体落实；各成员单位相互支持、密切配合，形成党委负主责、纪委负专责、相关部门协调配合的工作格局。

从具体部署看，此次改革试点中确定了先转隶、再成立、再挂牌的原则，并将换届工作与试点工作紧密结合，确保了各级监察委员会如期成立并及时开展监察工作。人员是改革的关键因素，只有把人集中在一起才能进行集中指挥、开展下一步工作，因此各级各地均按照中央要求，先将转隶人员划转到位，通过会议动员、调研座谈、实地走访等方式对转隶人员进行深入细致的思想工作，引导转隶人员拥护改革、投身改革；对转隶人员和原纪委人员采取"交叉配置、混合编成"，绝大部分转隶干部充实到了执纪监督和审查调查部门，监督执纪一线力量得到加强。

为确保监委成立后就能迅速开展工作，各地普遍组织开展了对转隶人员和纪检监察干部的业务培训，推动机构、职能、人员全面融合，真正做到合编、合力、合心，力求达到"1+1>2"的效果；同时，全面试用全国人大常委会授权赋予监委的 12 项调查措施，加强监察机关与执法司法机关的统筹协作，尽早实现监委高效运转。正是由于各级监察委员会在组建成立前做足了功课，成立后才能够迅速开展工作，多地一成立就已实施留置措施、查办多起问题线索，体现了监察委员会"成立即是开局，开局就要打响"的坚强战斗力。

　　三级监察委员会的迅速组建，彰显了改革的果断行动力、旺盛生命力。有理由相信，待到国家监察委员会产生，自上而下的四级监察体系的拼图完成，一张覆盖所有行使公权力的公职人员的监察大网即将织就，国家治理体系和治理能力现代化的步伐将更加铿锵有力。

（《人民日报》2018 年 2 月 27 日）

"两个毫不动摇"必须长期坚持

人民日报评论员

　　"我国实行的是公有制为主体、多种所有制经济共同发展的基本经济制度""国有企业地位重要、作用关键、不可替代，是党和国家的重要依靠力量""要坚持'两个毫不动摇'，为民营企业发展营造良好的法治环境和营商环境"。在东北三省考察期间，习近平总书记重申"两个毫不动摇"的大政方针，进一步阐明公有制经济和非公有制经济在我国经济社会发展中的地位和作用，表明了我们党的一贯立场，回应了社会的重大关切，为我们在新时代更好坚持和完善我国基本经济制度、推动我国经济社会持续健康发展指明了方向。

　　这次习近平总书记在辽宁考察，先后来到一家国企和一家民企，这样的安排意味深长。回顾改革发展的历史，正是因为实行公有制为主体、多种所有制经济共同发展的基本经济制度，让公有制经济和非公有制经济相互促进、共同发展，才推动中国经济发展取得举世瞩目的成就。党的十八届三中全会明确提出，"公有制经济和非公有制经济都是社会主义市场经济的重要组成部分"；党的十九大报告再次强调，"毫不动摇巩固和发展公有制经济，毫不动摇鼓励、支持、引导非公有制经济发展"。可以说，我们党在坚持基本经济制度上的观点是明确的、一贯的，而且是不断深化的，从来没有动摇。中国共产党党章都写明了这一点，这是不会变的，也是不能变的。任何想把公有制经济否定掉或者想把非公有制经济否定掉的观点，都是不符合最广大人民根本利益的，都是不符合我国改革发展要求的，因而都是错误的。

实行公有制为主体、多种所有制经济共同发展的基本经济制度，是我们党确立的一项大政方针，是中国特色社会主义制度的重要组成部分，也是完善社会主义市场经济体制的必然要求。坚持"两个毫不动摇"，任何时候都不能偏废。国有企业是中国特色社会主义的重要物质基础和政治基础，是我们党执政兴国的重要支柱和依靠力量。对于非公有制经济的地位和作用，习近平总书记早就明确提出"三个没有变"的重要判断："非公有制经济在我国经济社会发展中的地位和作用没有变，我们毫不动摇鼓励、支持、引导非公有制经济发展的方针政策没有变，我们致力于为非公有制经济发展营造良好环境和提供更多机会的方针政策没有变。"现在的很多改革举措都是围绕怎么进一步发展民营经济，党的路线方针政策是有益于、有利于民营企业发展的。民营企业更应该增强信心，进一步弘扬企业家精神、工匠精神，抓住主业，心无旁骛，力争做出更多的一流产品，发展一流的产业。

"大鹏之动,非一羽之轻也;骐骥之速,非一足之力也。"公有制经济和非公有制经济犹如中国经济的两翼,缺一不可。两翼密切配合、协调振动,中国经济才能飞得高,飞得远。让公有制经济与非公有制经济更好地协同发展,巩固壮大"众人拾柴火焰高"的发展态势,才能让一切创造社会财富的源泉充分涌流,不断激发全社会的创造力和发展活力,为推动高质量发展提供强劲动力。

(《人民日报》2018 年 9 月 29 日)

中国为什么能

五、逻辑Ⅳ：文化

更基本更深沉更持久的力量

——新中国70年巨变的内在逻辑⑥

人民日报评论部

　　"良渚古城"申遗成功，中国成为世界遗产第一大国；长征路上，年轻记者追随先辈足迹，传承红色基因；书店客流量持续增长，打造出城市的"精神空间"……中华优秀传统文化、革命文化和社会主义先进文化，积淀着中华民族最深层的精神追求，代表着中华民族独特的精神标识，构成了中国发展的"文化密码"，在新中国70年的历程中释放出强大的能量。

　　70年披荆斩棘，70年风雨兼程。新中国成立70年，伴随960多万平方公里土地上"看得见"的巨变，亿万人民的头脑中、精神上，也发生着"看不见"的巨变。70年来，我们在物质创造中进行文化创造、在历史进步中实现文化进步。城市里，博物馆人流涌动；乡村中，农家书屋含蕴书香；世界上，孔子学院沟通心灵……生机勃勃的文化图景，写照我们的文化从普及到提高、从立足中国到走向世界的发展历程。今天，中国正在向文化强国迈进，中国人的文化自信日益彰显，中华民族的精神面貌焕然一新，中华文明散发出夺目光彩、永恒魅力。

文化是一个国家、一个民族的灵魂。文化兴国运兴，文化强民族强。习近平总书记强调，"文化自信，是更基础、更广泛、更深厚的自信，是更基本、更深沉、更持久的力量。"回首 70 年，在风雨兼程的征途中，亿万人民赓续共同的精神血脉、传承共同的价值基因、吮吸共同的文化滋养，书写了国家发展的壮丽史诗，让中华民族前所未有地接近复兴目标。

不忘本来才能开辟未来，善于继承才能更好创新。中华优秀传统文化是中华民族的"根"和"魂"。从老子的"道法自然"到孔子的"仁者爱人"，从周易的"阴阳相生"到孟子的"浩然之气"，以人为本的情怀、礼乐相和的精神、天人合一的哲学，涵养了中国人的精神世界，架构起中华民族的心灵空间。中国共产党自成立之日起，就既是中华优秀传统文化的忠实传承者和弘扬者，又是中国先进文化的积极倡导者和发展者。在创造性转化、创新性发展中，中华优秀传统文化的丰富哲学思想、人文精神、教化思想、道德理念等，成为了人民共和国 70 年发展壮大的丰厚滋养，筑牢了我们文化自信的根基和底气。

革命文化诞生于血与火的革命岁月，是中国人民在党的领导下书写的红色篇章，是近百年峥嵘岁月中中华民族不屈抗争、不竭奋斗的共同记忆。党的十八大以来，习近平总书记深入西柏坡、井冈山、沂蒙山、延安、遵义等革命圣地，强调要"让信仰之火熊熊不息，让红色基因融入血脉，让红色精神激发力量"。红船精神、井冈山精神、长征精神、延安精神、西柏坡精神……红色基因，植根于革命先烈用鲜血染红的泥土中，传承于亿万人民胼手胝足的奋斗中。红色火种播进一代代人心中，成为我们精神的原点、初心的支点，凝聚起众志成城的力量，为国家民族的前行提供了坚强的精神支撑。

伟大的时代涵养伟大的精神，伟大的实践孕育伟大的文化。在中华民族从站起来、富起来到强起来的历史性飞跃中，我们形成并发展了社会主义先进文化。新中国70年，也是精神世界与物质世界相互成就、相得益彰的70年。有两副对联，让人回味无穷："一日三餐有味无味无所谓，爬冰卧雪冷乎冻乎不在乎"，这是塞罕坝建设者的豪情；"雪梅映红中国梦，紫燕衔绿万家春"，这是湖南偏僻乡村一位农民的梦想。实现中华民族伟大复兴，需要物质文明极大发展，也需要精神文明极大发展。今天，社会主义先进文化作为一种价值理念，形成了全社会共同的思想道德基础；作为一种理想信念，标定了人们为之奋斗的前行方向；作为一种精神纽带，联结着亿万中华儿女的心灵世界，凝聚起同心筑梦的磅礴力量。

习近平总书记曾语重心长地说，"我们从哪里来？我们走向何方？中国到了今天，我无时无刻不提醒自己，要有这样一种历史感。"文化，正是贯通着历史、现实与未来的底色。历史和现实都表明，大国崛起不仅是经济现象，而且是文化现象；不仅是经济增长，而且是文化繁荣。面向未来，中国将不仅创造新的举世瞩目的"中国故事"，更将创造打动人心的"中国精神"。我们对此充满信心！

（《人民日报》2019年7月24日）

不断提升中华文化影响力

——论学习贯彻习近平总书记在全国宣传思想工作会议重要讲话精神

人民日报评论员

一个大国发展兴盛，必然要求文化影响力大幅提升，实现软实力和硬实力相得益彰。

"推进国际传播能力建设，讲好中国故事、传播好中国声音，向世界展现真实、立体、全面的中国"。在全国宣传思想工作会议上，习近平总书记提出了"展形象"的重要使命任务，明确了提升中华文化影响力的工作要求，为我们在新形势下做好外宣工作、提高国家文化软实力，指明了方法路径，提供了根本遵循。

当前，外宣工作处于历史最好时期，同时也面临最大压力。党的十八大以来，对外宣传应势而起、乘势而上，国际舆论格局"西强我弱"的差距正在缩小。一方面，我国日益走近世界舞台中央，我们提出的构建人类命运共同体、共建"一带一路"等得到国际社会广泛认同，我国的国际影响力、感召力、塑造力日益提升。另一方面，世界正处于百年未有之大变局之中，增强国际话语权、提升国家文化软实力任务之艰巨前所未有。对此，我们要保持战略定力，积极主动做工作，推动对外宣传创新，着力重塑外宣业务、重整外宣流程、重构外宣格局，努力开创外宣工作新局面。

"一个故事胜过一打道理。"讲好中国故事是外宣工作的基本方法，也是提升中华文化影响力的基本途径。从毛泽东同志向美国记者斯诺、史沫特莱等人讲述"延安故事"，到习近平总书记通过讲故事介绍中国道路和共建美好世界的理念主张，善于通过故事传播理念、以理服人、以情动人，是中国共产党人的优良传统。今天，中国故事最精彩的主题，是讲清楚中国共产党为什么能、中国特色社会主义制度为什么管用。我们要围绕国际社会关注的问题，主动宣介习近平新时代中国特色社会主义思想，主动讲好中国共产党治国理政的故事、中国人民奋斗圆梦的故事、中国坚持和平发展合作共赢的故事，让世界更好了解中国。同时，要采用外国人听得懂、易接受的话语体系和表述方式生动鲜活讲，贴近中国实际、贴近国际关切、贴近国外受众入情入理讲，平等待人、虚怀若谷、真诚亲和讲。

文化是一个国家、一个民族的灵魂。做好外宣工作，不断提升中华文化影响力，既要宣介优秀传统文化，也要传播优秀当代文化。中华优秀传统文化是中华民族的文化根脉，其蕴含的思想观念、人文精神、道德规范，不仅是我们中国人思想和精神的内核，对解决人类问题也有重要价值。推动中华优秀传统文化走出去，不能停留在舞个狮子、包个饺子、耍套功夫上，不能满足于向国外提供一些表层的文化符号上，关键是要把优秀传统文化的精神标识提炼出来、展示出来，把优秀传统文化中具有当代价值、世界意义的文化精髓提炼出来、展示出来。同时，提升中华文化影响力不能厚古薄今，更要注重展示当代中国的发展进步、当代中国人的精彩生活，推动反映当代中国发展进步的价值理念、文艺精品、文化成果走向海外，既要入乡随俗又要入情入理，努力进入主流市场、影响主流人群。

传播力决定影响力，话语权决定主动权。完善国际传播工作格局，创新宣传理念、创新运行机制，汇聚更多资源力量，我们就能让中华文化更好走向世界，让世界更好了解中国，为实现"两个一百年"奋斗目标和中华民族伟大复兴的中国梦营造良好国际舆论环境。

（《人民日报》2018 年 9 月 2 日）

更好满足人民精神文化生活新期待

——论学习贯彻习近平总书记在全国宣传思想工作会议重要讲话精神

人民日报评论员

中华民族的伟大复兴，不仅要在经济发展上创造奇迹，也要在精神文化上书写辉煌。

"坚持中国特色社会主义文化发展道路，推动中华优秀传统文化创造性转化、创新性发展，继承革命文化，发展社会主义先进文化，激发全民族文化创新创造活力，建设社会主义文化强国。"在全国宣传思想工作会议上，习近平总书记将"兴文化"作为宣传思想工作的重要使命任务，提出更好满足人民精神文化生活新期待的重要要求，为新时代文艺繁荣、文化发展指明了方向，为广大文化文艺工作者提供了行动指南。

文以载道，文以传情，文以植德。更好满足人民精神文化生活新期待，要把提高质量作为文艺作品的生命线。中国特色社会主义进入新时代，我国文化供给的主要矛盾已经不是缺不缺、够不够的问题，而是好不好、精不精的问题。这些年，我国文艺创作生产能力大幅提升，但是有影响力、人们普遍认可的好作品还是不够，满足基层、农村的文艺产品供给依然不足。与此同时，人民群众的眼界在拓宽、品位在提升，对思想精深、艺术精湛、制作精良的文艺作品提出了更高要求。创造更多同新时代相匹配的文化精品，实现从"高原"到"高峰"的迈进，就要引导广大文化文艺工作者深入生活、扎根人民，用心用情用功抒写伟大时代，不断推出讴歌党、讴歌祖国、讴歌人民、讴歌英雄的精品力作，书写中华民族新史诗。

更好满足人民精神文化生活新期待，要坚持把社会效益放在首位。创作人民喜爱的文艺精品，必须端正创作思想。现在，文艺创作中的不良思潮还有一定市场，有的否定党史国史军史，刻意解构经典、抹黑英雄；有的把严肃题材娱乐化，制造噱头、博取哄笑；有的信奉唯票房、唯收视率、唯点击率，导致一些粗制滥造的文化垃圾招摇过市……抵制这些虚无历史、泛娱乐化、泛物质化的错误思潮，就要引导文艺工作者树立正确的历史观、民族观、国家观、文化观，自觉讲品位、讲格调、讲责任，自觉遵守国家法律法规，加强道德品质修养，坚决抵制低俗庸俗媚俗，用健康向上的文艺作品和做人处事陶冶情操、启迪心智、引领风尚，为历史存正气，为世人弘美德，为自身留清名。

更好满足人民精神文化生活新期待，还要推动文化事业全面繁荣和文化产业快速发展。改革是文艺繁荣、文化发展的动力所在。坚定不移将文化体制改革引向深入，完善文化管理体制，创新生产经营机制，不断激发文化创新创造活力，才能解决文化发展的不充分不平衡问题。在文化事业方面，要推动公共文化服务标准化、均等化，坚持政府主导、社会参与、重心下移、共建共享，完善公共文化服务体系，提高基本公共文化服务的覆盖面和适用性。在文化产业方面，要牢牢把握高质量发展这个根本要求，健全现代文化产业体系和市场体系，推动各类文化市场主体发展壮大，培育新型文化业态和文化消费模式，以高质量文化供给增强人们的文化获得感、幸福感。

"江山留胜迹，我辈复登临。"在我国960多万平方公里的大地上，13亿多人民每天都进行着新的实践、演绎着新的生活、创造着新的奇迹，这种伟大实践给文化创新创造提供了强大动力和广阔空间。在实践创造中进行文化创造，在历史进步中实现文化进步，我们就能更好构筑中国精神、中国价值、中国力量。

（《人民日报》2018年9月1日）

向我们的文化传统致敬

——于传统中筑牢文化自信⑦

人民日报评论部

春节前夕，中办、国办印发《关于实施中华优秀传统文化传承发展工程的意见》，力求让传统文化焕发新的光彩；春节之际，催动无数人返乡脚步的，也正是重视家庭、重视亲情的"文化基因"。近年来，从教育部提出"书法进课堂"，到编纂"中华传统文化百部经典"；从语文教材中加大融入传统文化教育比例，到各种以传统文化建设乡村的实践……越来越多人饮水思源，在优秀传统文化的深厚土壤中，追寻文化水脉、瞩望文化复兴。

每个国家、每个民族，"想象共同体"的地基和屋顶，都因文化而来。用中华民族传统美德，滋养"不虚、不私、不妄"的真情；以古代典籍中的典故、名句，讲述治国理政的道理；要求"让收藏在禁宫里的文物、陈列在广阔大地上的遗产、书写在古籍里的文字都活起来"……对于优秀传统文化，习近平总书记之所以念兹在兹，正是因为其中"积淀着中华民族最深层的精神追求，代表着中华民族独特的精神标识，为中华民族生生不息、发展壮大提供了丰厚滋养"，因而视之为"我们最深厚的软实力"、喻之为"中华民族永远不能离别的精神家园"。

毋庸讳言，我们有过对自身文化传统的困惑与犹疑。中国历史上，有"三晚"之说——晚周、晚明、晚清，都是社会文化断裂期。1842年，英军陈兵南京城下，中国被抛入"全球时间"。在这"三千年未有之大变局"中，经抗争、变法，经革命、战争，经建设、改革，不到200年时间里，中国文化经历着剧烈的变革。及至今日，面对传统，人们往往有"雾里看花"之惑；面对世界，又难免有"乡愁何寄"之困。在不少人那里，"中国风"不过是丝绸、水墨、大屋檐的符号堆砌，节日的行礼如仪敌不过电商促销的广告，人际的传统美德被消费社会的物质战车甩在身后。在现代化的轨道上疾驰，在全球化的浪潮中游弋，我们急需重新定义自身。

传统文化是中国文化的主脉，中华民族伟大复兴必然包括文化的复兴。今天，西方文化借助全球化进程、借助现代技术，以一种强势文化的力量冲击着中国传统文化。维护中国的文化主体性，不是抱残守缺、闭关锁国，把传统等同于"复古""守旧"；更不是"去中国化"、毁古搬洋，把传统一概视之为"糟粕""落后"，而是要返本开新，看到我们是站在五千年的文化河床之上、是扎根九百六十多万平方公里的文化土层之中，以此承前启后、继往开来。我们的文化传统，不仅孕育了这个从未中断的"亘古亘今，亦新亦旧"之文明，而且创造出人类历史上罕有的一个民族从衰落走向复兴的奇迹。这正是中华文化的伟大之所在，也是我们文化自信的根基之所在，更是我们弘扬传统面向未来的底气之所在。

向我们的文化传统致敬，我们以独特的智慧和价值屹立东方。从老子的"道法自然"到孔子的"仁者爱人"，从周易的"阴阳相生"到孟子的"民贵君轻"，礼乐相和的精神、天人合一的哲学，涵养了中国人的精神生活，架构起中华民族的心灵空间。四大发明传入西方，被英国哲学家培根誉为"在世界范围内把事物的全部面貌和情况都改变了"；上世纪 30 年代，梅兰芳在西方巡演，京剧的魅力震惊世界；改革开放以来，中华传统文化随着中餐、汉字、孔子学院越来越多地走出国门，架设起沟通东西世界的桥梁；2017 年年初，浑身布满穴位的针灸铜人，在瑞士日内瓦绽放中医影响力……中华文化也以不同于西方文明的基因，打开着全人类的文化场域。

向我们的文化传统致敬，我们以包容与创新的气质走向未来。中国的也是世界的，过去的也是未来的。以丝绸之路为例，它不仅是一条通商道路，也是一条文化纽带。唐代的长安城，是人类历史上第一个人口超过百万人的国际性城市；明代初期郑和七下西洋，船队带回"麒麟"（非洲长颈鹿），南京城万人空巷一睹真容。今天，"一带一路"打开筑梦空间，"人类命运共同体"勾画宏大愿景，同样体现出对中国传统文化的深刻认识与创新发展。有学者把中华文化比作"一个有着强大向心力的漩涡"，不断与周边各个地方各种文化相融相生，最终形成一个极其丰富而巨大的"时空存在"，形象地展示了中华文化的整合力、包容力和创造力。

风雨如晦，鸡鸣不已。1988 年，75 位诺贝尔奖得主在巴黎集会呼吁，"人类如果要在 21 世纪生存下去，就必须回首 2500 年前，去孔子那里汲取智慧"。中华文明不仅在器物上曾给世界巨大贡献，在精神上同样能推动人类文明走向未来。正如习近平总书记所指出的，"中华民族创造了源远流长的中华文化，中华民族也一定能够创造出中华文化新的辉煌"。

（《人民日报》2017 年 2 月 7 日）

用历史滋养"新的时间"

——于传统中筑牢文化自信 ②

人民日报评论部

　　新春伊始,《中国诗词大会》节目第二季热播,能记诵 2000 多首诗词的女高中生惊艳大众,很多人在微信中玩起了"定制专属诗"……传统诗词,以这样的形式让人们感受诗心、让时代浸润古意。公众对优秀传统文化的热爱与渴慕,由此可见一斑。

　　"不忘本来才能开辟未来,善于继承才能更好创新。"传统的箭,说到底是射向未来的。"文变染乎世情,兴废系乎时序",用历史的、发展的、辩证的思维和眼光来传承发展,才能不断赋予传统文化新的时代内涵和表现形式,与当代文化相适应、与现代社会相协调。以"正考父三命而俯"的故事,告诫领导干部要严以用权、严以律己;以王国维的"治学三境界",勉励党员干部学习理论也要有这三种境界……在习近平总书记系列重要讲话、文章中,俯拾即是、信手拈来的用典,正是对传统文化"创造性转化、创新性发展"的典型。

94

　　戚戚于"故园何处"的浓浓乡愁，痛心于文物被拆的历史记忆，痴迷于古典名著的精神追求……涌动在现代中国人心灵深处的，是文化的"还乡"与"寻根"。对传统文化的热情"井喷"，需求增加也凸显"供给侧"的不足。当前，对于开掘传统文化，还存在"三化"的问题。一是"功利化"，忽视传统文化资源的公益性、教育性，打着弘扬传统文化的招牌赚钱牟利；二是"庸俗化"，恶搞戏说历史事实，大肆解构历史名人，任意颠覆文化常识，扭曲传统文化的精神内涵；三是"简单化"，不顾时代特征，不辨精华糟粕，对传统文化盲目推崇、照搬复制。那些既无历史又无文化的新建古城、古镇，那些唯利是图、喊出天价的私塾、读经班，一拥而上争抢名人出生地，荧屏充斥胡编乱造历史剧，都是这"三化"的现实表现。凡此种种，非但不能满足公众的需求，反而让文化失色、让传统蒙尘。

　　应该说，传统文化植根于历史语境，原样照搬到现代社会，很可能水土不服。更何况，传统从来就不是一个僵死的概念，正如历史学家所说的，我们总是在"发明传统"。从15世纪到19世纪，西方文化的创新，也正是通过古今对话来变革政治理念、调整经济政策、重新平衡政治秩序，由文化复兴迎来全面复兴。放眼中国，学者费正清曾指出，以儒家为代表的传统思想具有"改革的能力"，能"通过重新树立其理想"，使这个古老国家生存下来。追寻传统并非一味复古，而是需要对传统扬弃继承、转化创新，把传统文化的枝丫嫁接到现代中国的植株，让传统文化进入时代血脉。

　　让传统文化进入时代血脉，需要激活"价值基因"。经济快速发展创造了物质财富的奇迹，却也伴随着心理失衡、价值失序、行为失范等问题，而矫正价值航向、涵养价值共识，传统文化提供了丰富的思想资源。保障舌尖上的安全，市场需要注入"以义为利"的道德血液；面对庸俗的拜金主义，社会需要标注"宁静致远"的精神境界；建设山明水秀的美丽中国，政府需要树立"天人合一"的发展理念……面对一些人精神苦闷、价值虚无的"现代病""西方病"，当今中国道德的重建、价值的重塑、心灵的重整，都离不开中华传统美德、人文精神、思想理念的润泽与滋养。

让传统文化进入时代血脉，需要舒展"生活场景"。传统文化既不该仅仅置于展厅，更不该胡乱堆放库房，前者只适于观赏赞叹，后者更无异于明珠投暗，而是应该真正成为融汇于日用伦常中的"活的文化"。流动时代，亲亲为大，"常回家看看"承欢父母膝下；陌生人社会，与人为善，给保洁大姐、快递小哥一个笑脸；网络世界，慎独慎隐，让虚拟空间更清朗……传统文化与现代生活理应如此"水乳交融"。我们不可能回到穿汉服、着唐装的时代，摆几本线装书、放几个假古董只是附庸风雅，更遑论风水堪舆、求签问卦之类。让优秀传统文化内涵更好更多地融入生活场景，转化为不可或缺的日常组成部分，才是最好的传承与发展。

哲学家认为，内在的文化、意识，将我们与过去相连接，并因而拥有一种"产生新时间"的能力。无论是国家、民族还是个人，都需要回溯所从来处，开掘精神的河床、寻找心灵的原乡，最终向着更加开阔的天地奔涌而去。

（《人民日报》2017 年 2 月 8 日）

文化建设要多些"历史耐心"

——于传统中筑牢文化自信③

人民日报评论部

历史变化如此深刻，社会进步如此巨大，精神世界如此活跃，正是文化建设无尽的矿藏、不竭的动力

春节期间，全国上千个城市禁放限放烟花爆竹。"前村后村燎火明，东家西家爆竹声"的景象或将成为历史，而共坐守岁观春晚、指尖飞舞抢红包、阖家驱车寻胜景，已成为新春新风景甚至新传统。无需拉开太长的历史视野，我们就能感受到习俗、传统的悄然改变。

所谓传统，既有传承，也有创制，恰如先秦诸子、两汉辞赋、唐诗宋词，传统的河流行经不同的时空，往往会形成一脉相承却又独具特色的经典。正如习近平总书记所强调的，"中华文化延续着我们国家和民族的精神血脉，既需要薪火相传、代代守护，也需要与时俱进、推陈出新。"千年生生不息，传统文化可谓"别具一格"；而面向

未来，更需要让传统文化在新的土层中"别开生面"。为明天沉淀下这个时代的文化精华，正是我们这一代人的文化责任。

习近平总书记谈及文艺工作时曾指出，"那些叫得响、传得开、留得住的文艺精品，都是远离浮躁、不求功利得来的，都是呕心沥血铸就的。"这也未尝不是对整个文化发展的期许。时代脚步匆匆，"资源""成本""收益""价位"成为砝码，既带来市场标价的激励，也带来趋利若鹜的忧思。一个例子是，阅读量成为不少新媒体的"唯一标准"，于是内容则胡编乱造以夺眼球、标题则"触目惊心"以博点击，更有故作惊人之语而不顾"三观"、不忌"三俗"者。不管是简单的"拿来主义"还是粗暴的"功利主义"，浮躁的背后，都是对传统的轻慢、对文化的辜负，这影响到人们的精神底色，也影响到时代的文化样貌。

这两天，《中国诗词大会》第二季冠军武亦姝惊艳大众，不仅是因为 2000 多首诗词的记忆量，更是因为她身上那种"闲看花开花落，漫随云卷云舒"的从容淡定，有网友评价，她满足了人们对"古典才女"的所有想象。公众对这样一种古典气质的激赏，也正是对优秀传统文化中那种沉静、厚重的向往。有人认为，中国传统文化中最重要的两对关系，就是"道与器""静与动"的关系。"形而上者谓之道，形而下者谓之器""重为轻根，静为躁君"，二者指向的都是撇掉浮面的泡沫、守住精神的根基、看到现象的本质。"博学之，审问之，慎思之，明辨之"，让多少人沉下来，培厚了心性修养；"大象无形""大音希声"，又让多少人静下来，涵养了文化品性。这样的"文化根性"，正可化解浮躁，塑造我们时代的文化气质。

今天的文化建设，需要多一些"历史耐心"。让今天的文化成为明天的传统，这是必须的胸襟和气度。面对市场经济大潮，面对网络世界的洪流，要耐得住寂寞、稳得住心神，不为一时之利而动摇、不为一时之誉而急躁。如果没有"板凳坐得十年冷"的文化定力，没有"语不惊人死不休"的文化追求，怎么能沉淀出新的经典，让后人如我们今天吟咏唐宋名篇一样，沉醉于我们的创造？如果不能向炫富竞奢的浮夸说"不"、向低俗媚俗的炒作说"不"、向见利忘义的陋行说"不"，又如何打开我们的精神世界，涵养出让一个国家、一个民族魂有定所、行有依归的核心价值？丢掉了深刻的思考、放弃了社会的责任、丧失了自己的个性，即便收获盆满钵满，也终究是一阵风就能吹走。

变化的是时代，不变的是文化与时代的"对位"。正在进行的春运，近30亿人次的世界最大规模短期人口迁徙，换个角度看，也是安土重迁文化传统在新时代的写照。而当中国一半以上的人口都有了"网民"这个新身份，网络世界、数字时代又会为文化景观和心灵图景涂抹怎样的色彩？当代中国，历史变化如此深刻，社会进步如此巨大，精神世界如此活跃，正是文化建设无尽的矿藏、不竭的动力。"江山留胜迹，我辈复登临。""自我作古"的勇气，"但开风气"的眼界，都是为了在传承不绝的文化谱系中，定位这个时代的所在。

德国哲学家雅斯贝尔斯曾提出，公元前800年至公元前200年，是人类文明取得重大突破的"轴心时代"。上个世纪末，美国哈佛大学、法国巴黎大学都提出"新轴心时代"概念，认为在21世纪，世界文化可能会有一个大的转变。贞下起元，利有攸往。今日中国的崛起，是一个文明体系的崛起；中华民族之复兴，是一种文化传统的复兴。而这，正是我们最深厚的文化自信所在。

（《人民日报》2017 年 2 月 9 日）

"文化自信"三喻

金 苍

　　从海昏侯的马蹄金到故宫的石渠宝笈，博物馆一票难求，人们在与文物的对话中感受历史；从《大圣归来》到《大鱼海棠》，电影院人头攒动，一年440亿元票房堪称奇迹……

　　这只是当代中国文化场景的两个"特写镜头"。近年来，文化的繁荣与发展，为公众拓展了心灵空间、构筑起精神家园。"由人化文，以文化人"，人与文化的互动生长，正是一个最好的注脚，印证着习近平总书记在"七一"重要讲话中的判断——"文化自信，是更基础、更广泛、更深厚的自信"。

　　何以自信？有三个比喻，值得沉思。

　　文化，可喻之为河。有源头活水，有支流汇入，一路奔腾向海，会穿行峡谷掀起巨浪，也会途经平原静水深流，沉淀下河床，滋养出沃野，哺育出勃勃生机。理解文化，就需要理解其水有源、其流有势、其去有向，才能在大浪淘沙中赓续文化的基因。

对于我们，五千多年文明发展，孕育出中华优秀传统文化；近百年来上下求索，形成了革命文化和社会主义先进文化。这是中华民族深层精神追求的结晶，代表着中华民族独特的精神标识，是涵养我们文化最肥沃的土壤、最充沛的水源。源通流畅、源远流长，这是我们文化自信的根本基础。

文化，可喻之为山。壁立万仞，挺拔巍峨，为地之锁钥，为天之柱石。山中既有大树参天，也有溪流边野花烂漫，可曲径通幽，更可登临远望。把握文化，就需要把握其高远之处、其仰止所在，才能在高天厚土间树立文化的坐标。

对于今天，社会主义核心价值观划定时代的价值航标，是人生奋斗的梦想之舵、中华民族的精神之钙、当代中国的兴国之魂。以爱国主义为核心的民族精神、以改革创新为核心的时代精神，是流淌于历史与现实的精神潜流。奇伟瑰丽、高迈超绝，这是我们文化自信的重要内容。

文化，也可喻之为海。万川涌入，涓流汇集，因包容而成其大，因丰富而成其广。可载大舟，亦可浮一苇，"日月之行，若出其中。星汉灿烂，若出其里"。发展文化，就需要发展其多元、多样，其宽容、宽广，才能在兼容并蓄时更新文化的血脉。

对于中国，历史之船已经驶入"世界历史"的广阔海洋，"文化的对话"成为必然和必须。一方面，海纳百川，有容乃大，要吸收借鉴人类一切优秀文明成果。另一方面，文明因交流而多彩，文明因互鉴而丰富，也要以中国文化丰富人类文明的基因库。不拒众流、扬帆出海，这是我们文化自信的前行方向。

河、山、海，是"应然"境界，"实然"却常遇尴尬。或是矮化、僵化传统文化，解构、消减革命文化，截断了河流的脉络；或是抱残守缺、食古不化，既不"引进来"也不"走出去"，封闭了海洋的疆界。复兴之路上，增强文化自信，仍然任重道远。

"仁者乐山，智者乐水。"长河浩荡，在时间的轴线上，把握住历史、现实与未来；高山巍峨，在精神的维度中，把握住时代精神、民族精神与核心价值；大海空阔，在世界的尺度上，把握住文化的交锋、交流与交融，才能建立起真正的文化自信，让当代中国大踏步走向世界、走向未来。

（《人民日报》2016 年 7 月 7 日）

六、逻辑V：思维

在克服困难中发展壮大

——新中国 70 年奋斗历程的启示①

人民日报评论部

观察当今中国，可以看到"难"和"进"这两面。外部环境复杂，风险挑战严峻，是为"难"。但唯其艰难，才更显勇毅。中国不仅宏观经济稳中有进，而且创新活力不断涌现，世界 500 强企业数量跻身世界首位。在难中进、向高处行，把握"难"与"进"的辩证法，为理解中国发展提供了一个重要视角。

在克服困难中发展壮大，在应对挑战中超越自我，这样的故事贯穿于新中国 70 年奋斗历程。犹记新中国成立初期，"连一辆汽车、一架飞机、一辆坦克、一辆拖拉机都不能造"，开国大典的阅兵式上，因为数量太少，几架飞机只好飞了两次。从一穷二白的起点出发，我们还曾遭遇封锁与遏制，经历洪水、地震、非典疫情的考验，面对金融危机和贸易摩擦的挑战。但愈是艰险愈向前，我们在游泳中学会了游泳，一路行进至世界第二大经济体的位置，正在建设人类历史上规模最浩大、气势最雄伟的现代化事业。可以说，新中国 70 年历史，就是把困难当阶梯、不断向上攀登的奋斗史诗。

犯其至难，方能图其至远。正是对各种挑战的回应，唤醒了我们主宰自己命运的自我意识，激发起顽强奋斗、艰苦奋斗、不懈奋斗的豪迈情感，推动中国进入不断自我超越的能动过程。新中国成立初期，面对西方世界的遏制与封锁，我们建立起了比较完整的工业体系；改革开放以来，面对经济社会转型的未知风险，我们走出了一条适合国情的发展道路。正是在与困难斗争的过程中，我们不断探索，走出了一条不断改革之路、不断学习之路、不断创新之路。

在克服困难中发展壮大，涵养了一种敢于斗争、善于斗争的精神。这样一种斗争精神，就是一种知难而进、逆流而上的勇气，一种在困难面前逞英雄的精气神，一种遇强更强、愈挫愈勇的坚韧。经过 70 年不懈奋斗，中国人深信"幸福都是奋斗出来的"，知道许多时候胜利要通过斗争获得。正如习近平总书记所强调的，"中国社会发展，中华民族振兴，中国人民幸福，必须依靠自己的英勇奋斗来实现，没有人会恩赐给我们一个光明的中国"。斗争精神、奋斗意志，贯穿于 70 年风云激荡的岁月，也将推动中国走向更光明的未来。

在克服困难中发展壮大，形成了一种保持可持续发展的能力与定力。一个国家的发展，不是为了赢得一时掌声，而是一场漫长的马拉松，比的是耐力和韧劲。在现代化过程中，有些国家在一定时期内实现了经济快速增长，但最终陷入中等收入陷阱甚至停滞不前，这样的教训发人深省。在 70 年发展历程中，有党的坚强领导，有社会主义制度保障，中国经历了多少曲折而终能转危为安、履险如夷，这恰恰说明，中国具有打逆风球、走上坡路的能力，没有什么风雨波折能阻挡中国前进的坚定步伐。

在克服困难中发展壮大，激荡着战胜前进路上一切风险挑战的信心。经历了70年风风雨雨，中国人民什么风浪没有见过，什么阵势没有经历过，这让我们在面对风险挑战时具有强大的心理承受力和乐观精神。有风有雨是常态，风雨无阻是心态，风雨兼程是状态。今天，我们确实面对经济下行压力，面对外部环境的不确定性，但70年来没有哪一天是容易的，新中国的发展成绩，哪一个不是在与困难的斗争中获得的？放在70年视野中看，今天的我们还有什么理由不坚定信心、保持乐观？"涉深水者得蛟龙"，在70年的坐标中接续奋斗，我们可以克服今天的困难、遇见更好的明天。

保持向困难进发、攻坚克难的勇气和毅力，在新中国成立70周年新的起点上，稳中求进、开拓创新，我们将不断创造新的更大奇迹。

（《人民日报》2019年8月5日）

在应势而动中日日常新

——新中国 70 年奋斗历程的启示②

人民日报评论部

中国的变革，总是能在短时间迸发巨大力量。去年，为企业减负成为共识，今年各项减税降费政策就落地生根，政策红利惠及无数市场主体；去年，中央决定设立科创板并试点注册制，现在科创板已经在促进形成中国的"科技＋资本"模式。中国日新月异的变化，展现着一种强大的变革能力。

恩格斯认为社会主义社会是"经常变化和改革的社会"。习近平总书记指出，"以数千年大历史观之，变革和开放总体上是中国的历史常态""中华民族充满变革和开放精神"。赓续着数千年中华民族优秀传统的社会主义中国，也让这样一种变革精神、变革能力贯穿于70 年的奋斗征程。

70 年来，从探索建立公有制到建立和完善社会主义市场经济，从"学习苏联经验"到"走自己的路"，从封闭半封闭到全方位开放，变革的实践气势如虹。从"敢教日月换新天"的革命气魄，到"大胆地试、大胆地闯"的改革精神，再到"改革不停顿、开放不止步"的坚定决心，变革的精神一以贯之。正是因为不断与时俱进、勇于推动变革，新中国虽历经沟坎，但始终能不断校准方向、调整政策，走出一条强国富民的复兴之路。

《周易》有言，"观乎天文，以察时变；观乎人文，以化成天下"。我们制度优越性的一个重要方面，就是具有应对形势变化的适应能力，能够根据时与势的不同而灵活调整政策，做到因势而谋、应势而动、顺势而为。比如改革开放初期，邓小平同志提出"和平和发展是当代世界的两大问题"的科学论断，准确把握世界形势，开始了推进对外开放、打开国门搞建设，开启了用开放促改革、促发展的历程。而在改革开放40多年历史进程中，从民营企业异军突起，到农民工进城务工，再到今天的创新创业浪潮，每个不断涌现的新事物，可以说都是我们顺应时代大势、适时推动变革的产物。这正如习近平总书记强调的，"形势在变、任务在变、工作要求也在变，必须准确识变、科学应变、主动求变"。这样一种因时为法、随事而制的变革能力，让中国能够始终踏准时代节拍、跟上时代变化。

邓小平同志曾说，"改革是社会主义制度的自我完善"。正是将坚守道路与自我完善并举、将原则的坚定性与策略的灵活性结合起来，我们才能够打破教条限制，根据实际情况不断创造独特的中国方案、形成丰富的中国智慧。新中国成立后，我们更加注重调动地方的积极性，为改革开放后地方经济活力的勃发奠定了基础。十一届三中全会后，我们更加注重立足中国国情探索改革方案。以土地制度为例，中国实行家庭联产承包责任制，是一种所有权归集体、承包经营权归农户的中国特色产权界定，有效解决了中国农村的土地问题。"治世不一道，便国不法古"，正是"坚持变中求新、变中求进、变中突破"的方法论，让社会主义制度始终充满生机活力。

新中国能够日日常新、其命维新，很大程度上是由于中国共产党始终保有自我净化、自我完善、自我革新、自我提高的能力。习近平总书记强调，"勇于自我革命，是我们党最鲜明的品格，也是我们党最大的优势。"用党的自我革命推动伟大社会革命，用党的坚强领导引领国家发展进步，我们党勇立时代潮头，不断推进理论创新、实践创新、制度创新、文化创新以及其他各方面创新，让我们这个国家始终激扬着善于变革的能力，始终在时间的坐标中不断前行。

有人把中国文化的特点概括为"以变而在"，也就是说中国把应变求变、善于变革作为一种存在方式。今天，中华民族迎来了从站起来、富起来到强起来的伟大飞跃，我们将在新时代新征程，把这个"变革中国"的故事书写得更加精彩。

（《人民日报》2019 年 8 月 6 日）

把握开放与自主的辩证法

——新中国 70 年奋斗历程的启示③

人民日报评论部

世界可以听见中国开放的铿锵之声，更能看见中国独立自主的身影。在 6 月的 G20 大阪峰会上，中国宣布将新设 6 个自由贸易试验区。自贸区既是中国对外开放新格局的窗口，更是一系列自主制度创新的试验田。这如同中国发展的一个缩影，开放是自主基础上的开放，始终扎根中国大地与世界互动。

回首新中国 70 年奋斗征程，可以发现，中国不断走向世界、不断学习世界、不断融入世界，同时坚持以我为主，吸收借鉴人类优秀文明成果。在与世界互动的过程中，中国既坚持扩大开放，又坚持中国特色、立足中国实际；既坚持交流互鉴，又坚持独立自主。两者相辅相成，汇成新中国 70 年长河浩荡之势。

习近平总书记强调，"我们党在革命、建设、改革各个历史时期，坚持从我国国情出发，探索并形成了符合中国实际的新民主主义革命道路、社会主义改造和社会主义建设道路、中国特色社会主义道路，这种独立自主的探索精神，这种坚持走自己路的坚定决心，是我们党不断从挫折中觉醒、不断从胜利走向胜利的真谛。"新中国成立之初，我们学习苏联经验，但在实践中我们党很快就察觉到苏联模式的局限，提出要以苏为鉴，探索适合中国国情的社会主义建设道路，积累了重要经验、取得了巨大成就。改革开放之后，我们坚持把马克思主义基本原理同我国的具体实际结合起来，既坚持了科学社会主义基本原则，又根据时代条件赋予其鲜明的中国特色，走出了一条中国特色社会主义道路。可以说，"不忘本来"与"吸收外来"的结合，正是新中国 70 年能永远"面向未来"的关键。

作为社会主义大国，中国如何与世界打交道、如何实施开放，没有成功先例可循，因此必须立足国情，走一条独立自主的开放道路。"坚持马克思主义，坚持社会主义，一定要有发展的观点，一定要以我国改革开放和现代化建设的实际问题、以我们正在做的事情为中心，着眼于马克思主义理论的运用，着眼于对实际问题的理论思考，着眼于新的实践和新的发展。"这样的方法论启示我们，既要打开眼界更要立足自身，对于优秀文明成果、国外先进经验，要保持开放心态，同时也要有一个立足中国实际的消化吸收过程，坚持辩证取舍、洋为中用。德国前总理施密特就曾对中国广泛汲取外部经验和资源，同时又充分依据自身实际情况、因地制宜进行发展的方式给予高度评价。把握好开放和自主的关系，越是开放就越要自主，中国的发展给世界上那些既希望加快发展又希望保持自身独立性的国家和民族提供了全新选择。

由此才能更加深刻地理解，为什么习近平总书记深刻指出：当代中国的伟大社会变革，不是简单延续我国历史文化的母版，不是简单套用马克思主义经典作家设想的模板，不是其他国家社会主义实践的再版，也不是国外现代化发展的翻版。新中国70年的重要启示在于，无论在理论层面还是实践层面，我们都必须在发展过程中把握好中与西、内与外之间的内在张力，处理好借鉴与自立、开放与自主的辩证关系。在全球日益成为一个地球村的时代，在经济全球化这不可逆转的历史大势中，我们把开放的大门越开越大之时，更需要独立自主，更需要坚持走自己道路的决心和定力。

1988年，一位发展中国家的政要来到北京，希望邓小平同志能谈一谈中国改革开放的主要经验。邓小平同志回答道："解放思想，独立思考，从自己的实际出发来制定政策。"他还补充说："不但经济问题如此，政治问题也如此。"在学习和借鉴他国经验过程中，中国不仅没有失去自我，反而用自己的眼光冷静判断，进而博采众长、推陈出新。这条宝贵的经验，对世界各国发展具有启发意义，足以沉淀为全人类的一笔财富。

（《人民日报》2019年8月7日）

把规模优势转化成发展优势

——新中国 70 年奋斗历程的启示④

人民日报评论部

"中国经济是一片大海",这个判断所彰显的中国之大,有着生动的呈现。面对外部不确定性,我国经济增长主要靠内需拉动,消费的基础性作用在继续巩固;在科技领域,"天眼"探空、"蛟龙"探海、"嫦娥"探月,国际媒体感叹"中国正在把科学'超大化'"。走过 70 年风雨,中国以大国姿态屹立世界东方。

有人把中国之大概括为"四超",即超大型的人口规模,超广阔的疆域国土,超悠久的历史传统,超丰富的文化底蕴。19 世纪,英法崛起时人口是千万级的;20 世纪,美日崛起时人口是上亿级的;而新中国 70 年,我们要实现现代化与"10 亿级人口规模"相结合,这在世界历史上是前无古人、绝无仅有的壮丽征程。大江大河、大潮奔涌,中国善谋善成,把后发劣势变成了后发优势,把规模优势转化成了发展优势。

　　习近平总书记强调，"中国是世界第二大经济体，有 13 亿多人口的大市场，有 960 多万平方公里的国土，中国经济是一片大海，而不是一个小池塘。"正是因为"大"，让我们有条件实现规模效应。一方面，亿万勤劳勇敢的中国人民自强不息，不断释放"人口红利"，而得天独厚的自然禀赋更让中国形成了无可替代的成本优势；另一方面，各个地区、各个部门相互配套、相互衔接、形成集群，有效降低了交易成本，形成了效率优势。这两者构成了规模效应的一体两面，成为 70 年中国经济腾飞的一个重要原因。

　　经济学中，"雁阵模型"下的产业梯次转移常用来解释后发国家的发展。然而，正如学者所言，中国巨大的规模和体量，"内部就可以进行垂直分工"，内部就可以形成"雁阵"，实现分工合作和产业协同。改革开放初期，不同地方因地制宜进行探索，比如乡镇企业异军突起的"苏南模式"、民营经济快速发展的"温州模式"、外贸加工出口导向的"珠江模式"，形成了各具特色而又优势互补的发展格局。放眼当下，从农村到城市，从沿海到内陆，从东部到中西部，不同区域之间虽然有发展不平衡不充分的问题，却有着很强的互补性、协同性。这样的纵深，既为我国抵御外部风险挑战提供了充足有效的回旋余地，也为经济持续稳定增长提供了巨大空间和强力支撑。正如习近平总书记强调的，中国经济"韧性好、潜力足、回旋空间大"。

　　我们有党的坚强领导，能够把亿万人民凝聚起来，激发出万众一心、众志成城的磅礴力量。规模优势不会自动变成发展优势，世界上不乏人口众多、面积广阔的国家，但却少有哪个国家能像中国一样如此快速地发展起来。中国有中国共产党这个坚强的"领航者"和"主心骨"，能够把内部巨大的丰富性统一到国家的整体框架中，能够把内在的力量凝聚到民族的共同目标上，形成整体效能。一方面，东、中、西三个地区按照发达程度不同，正处于前后相续的发展阶段，因地制宜，进行积极的发展探索；另一方面，我们的国家体制又能够把差异性的发展探索纳入到整体框架内，让不同的地区相互借鉴、彼此激荡，形成整体力量。这就能够发挥整体与部分、中央和地方两个积极性，释放出整体效应。

习近平总书记曾感叹："在中国这么大的国家搞建设，很不容易。"他更豪迈地宣示，"我们这么大一个国家，就应该有雄心壮志。"新中国 70 年，"超大规模"既是中国经济社会发展的活力所在，也是我们不惧风浪的底气所在。接续奋斗、砥砺前行，我们的事业将一往无前，我们的未来将充满希望。

（《人民日报》2019 年 8 月 8 日）

自上而下与自下而上形成合力

——新中国 70 年奋斗历程的启示⑤

人民日报评论部

在脱贫攻坚这场人类最大规模的减贫行动中，国家推动有力，280 多万驻村干部、第一书记奔赴脱贫一线，同时贫困群众主动努力、积极探索，形成内生动力。在新中国 70 年奋斗历程中，我们总能看见国家推动和群众自发两种相互交织的力量，自上而下与自下而上相互激荡，汇聚成了巨大发展合力。

作为后发现代化国家，中国共产党的坚强领导是成功的关键，作为一个人民的政党，必须激发人民改天换地的伟力。有"一万年太久，只争朝夕"的紧迫感，有"改革开放胆子要大一些"的使命感，引领东方古国不断迈向现代化的国家意志坚定有力；有"宁可少活二十年，拼命也要拿下大油田"的豪情壮志，有"杀出一条血路来"的大胆探索，群众自发的力量从大地上顽强生长起来。可以说，善于把国家的引领作用与民众的自发创造结合起来，形成自上而下与自下而上的合力，是新中国 70 年发展的重要经验。今天，我们更加清醒地认识到，"摸着石头过河和加强顶层设计是辩证统一的"，就是要更加自觉地用好这两种力量。

党中央的顶层设计，不断提供宽容的社会环境和有利的政策空间，为民众自发创造提供了优渥土壤。以民营企业的发展为例，从上世纪 80 年代开始，有利于民企发展的政策不断出台，民营企业也从无到有生长起来；到 1992 年之后，"春天的故事"传遍中国，"下海""承包""股份制合作"等成为热词；今天，减税降费、简政放权让创新创业热潮涌动，点燃亿万人民的奋斗热情。蓄积已久的激情、活力与创造力，随着制度大门徐徐打开喷涌而出，多少无名山丘崛起为时代巨峰，多少蜿蜒细流汇聚成奔腾大河。国家自上而下的引导和鼓励，点燃了蕴藏在民间的创新引擎，释放出巨大的发展动能。

中国的改革发展是一个复杂的系统工程，必须发挥全社会的改革智慧和基层探索的积极性。在基层探索之后，中央可以对局部经验进行总结评价，这就形成了一种基于实践探索而且风险可控、成本较小的试点机制。比如说，农村能不能搞大包干？国企股份制改造好不好？土地流转采用什么方式？面对改革发展的路径选择，我们始终鼓励基层自发探索、发挥群众首创精神，允许各地根据自身特色进行差异化、多元化尝试，在这样一个"先行先试—全面铺开"的过程中，开辟出一条风险最小但效率最高的发展路径。正如习近平总书记所强调的："要鼓励地方、基层、群众解放思想、积极探索，鼓励不同区域进行差别化试点，善于从群众关注的焦点、百姓生活的难点中寻找改革切入点，推动顶层设计和基层探索良性互动、有机结合"。

再比如创办经济特区，这是我国改革开放的重要经验。先行先试作为经济特区的一项重要职责，目的就是探索改革开放的实现路径和实现形式，为全国改革开放探路开路。习近平总书记明确要求，"经济特区要成为改革开放的试验平台""发扬敢闯敢试、敢为人先、埋头苦干的特区精神，始终站在改革开放最前沿，在各方面体制机制改革方面先行先试、大胆探索，为全国提供更多可复制可推广的经验"。这样一种自上而下与自下而上良性互动的发展方法论，正是中国独有的试点推广机制。"试点"就是小范围的基层探索，"推广"则是中央在基层探索基础上的顶层设计。这样一个双向互动的过程，既以基层探索实现试点风险可控，又能够依靠强大的国家能力，把基层的成功经验迅速推广。我国改革开放就是先试验、后总结、再推广不断积累的过程，就是从农村到城市、从沿海到内地、从局部到整体不断深化的过程。

新时代新征程，我们更加自觉地推动顶层设计和基层探索良性互动、有机结合，就是要更好激发自上而下与自下而上两种动力。今天，从经济社会发展、市场主体活力激发，到教育、医疗等民生领域改革，再到脱贫攻坚、污染治理等重点工作，都需要更加注重实现顶层设计和基层探索良性互动。有自发创造，就能自我迭代；有顶层设计，就有发展航向。在摸石过河中创造新事物、新经验，在顶层设计中把握改革发展的方向和节奏，就能为我们的事业发展注入双重动力，推动中国号航船乘风破浪、行稳致远。

（《人民日报》2019年8月9日）

善用"十个指头弹钢琴"

——新中国 70 年奋斗历程的启示⑥

人民日报评论部

　　纵观今日之中国,区域协调发展大潮涌动。雄安新区连接京津冀协同发展,长江经济带贯通东西如长箭入海,粤港澳大湾区矢志建设世界级城市群,西部开发、东北振兴、中部崛起、东部率先发展等协同并进……下好发展一盘棋,这种统筹兼顾、协调联动的方法论,贯穿新中国 70 年奋斗历程。

　　早在上世纪 50 年代,毛泽东同志就鲜明提出,"统筹兼顾,各得其所。这是我们历来的方针"。在建设时期,我们避免了苏联重工业一枝独大、产业结构畸轻畸重的问题,建立起比较完整的工业体系;改革时期,我们注重经济建设与各个领域之间的协调,推动社会主义各项事业齐头并进。党的十八大以来,我们更加自觉地统筹推进"五位一体"总体布局,协调推进"四个全面"战略布局,更加注重改革的系统性、整体性和协同性。可以说,注重各个领域、各个区域之间的统筹兼顾，使得各项政策相互配套、相互耦合，在协调均衡中形成整体效能，这是新中国 70 年发展的重要方法论。

习近平总书记强调，"统筹兼顾、综合平衡，突出重点、带动全局，有的时候要抓大放小、以大兼小，有的时候又要以小带大、小中见大，形象地说，就是要十个指头弹钢琴。"在新发展理念中，"协调"是重要内容。"千钧将一羽，轻重在平衡。"一方面，注重发展的整体效能，是为了补足短板、避免"木桶效应"；另一方面，中国的改革发展是一个复杂的系统工程，各项改革举措、制度安排紧密相连，任何一个领域的改革都会牵动其他领域，同时也需要其他领域改革密切配合，必须做好政策配套和制度衔接，才能取得预期效果。正因此，"协调既是发展手段又是发展目标，同时还是评价发展的标准和尺度"，需要"处理好局部和全局、当前和长远、重点和非重点的关系"。

处理好局部和全局的关系，可以理解为对空间维度的统筹兼顾。典型的体现，就是既推进城乡融合，又统筹区域协调。就拿城乡关系来说，在经济起飞阶段，更多强调农业补贴工业；在发展起来以后，则更加注重城市反哺农村、工业反哺农业。与此同时，新中国成立 70 年来，城市一直发挥着现代化的"火车头"功能，而农村则扮演着中国发展的"蓄水池"角色。进入新时代，我们推进城乡融合发展，就是要更好促进城市和乡村的相互配合、相互融合，形成各司其职而又彼此支撑的整体效能。

处理好当前和长远的关系，可以理解为对时间坐标的统筹兼顾。70 年风雨兼程的一个重要启示，就是聚精会神走好脚下的路，未雨绸缪谋划未来的路。70 年来，中国已经从当年的"一五"计划延续到今天的"十三五"规划，在长时间段上保持了发展的连续性和长远性。中国不仅有放眼长远的规划，也有聚焦当前的目标，确保每一步都能稳扎稳打。既能仰望星空看长远，又能脚踏实地抓当前，让中国的发展不断延伸到未来。

处理好重点和非重点的关系，可以理解为对发展全局的统筹兼顾。既讲两点论，又讲重点论，这是一种辩证思维，也是一种系统思维。比如说，我们坚持以经济建设为中心，同时统筹兼顾其他各项建设，让经济发展更有效率。中国为什么能短时间内成为世界工厂？除了坚持开放政策，还有在政治建设中增强政府治理能力、在社会建设中营造稳定的社会环境、在文化建设中倡导艰苦奋斗，这些因素相辅相成，才推动中国迅速成为世界第二大经济体。既讲究重点突破，又注重整体推进，我们就能在统筹兼顾中纲举目张，在总览全局中齐头并进。

善弈者谋势，善谋者致远。着眼全国一盘棋，坚持统筹兼顾，实现协调联动，我们就能让各个领域、各个区域、各项政策之间相互协调，汇聚成推动中国发展的综合优势。

（《人民日报》2019 年 8 月 12 日）

中国何以让"不可能成为了可能"

—— 新时代改革开放再出发

迎着新年的阳光，亲历时代变迁的人们忍不住发出对时间的赞叹。而时间的魔力就在于，它不仅记录着激情燃烧的过去，更指向拥有无限可能性的未来。

"大舸中流下，青山两岸移。"遥想改革开放之初，农民进城还要自带粮票，如今人们一部手机就能走遍天下；曾经全球只有日本的两条高速铁路，如今中国高铁贯穿全国各大城市；曾经中国人很少走出国门，如今中国成为世界最大出境游客源国。40 年气壮山河，天翻地覆，正如习近平总书记在庆祝改革开放 40 周年大会上深刻指出的，"在中国人民手中，不可能成为了可能"。这 40 年带给中国的，不仅有看得见的发展成就，更有自我变革、自我超越的内生动力，解决问题、保持可持续发展的创新能力。这种把不可能变成可能的改革能力，是中国创造更好未来的关键。

时间的意义，在于其蕴藏着的可能性，而唯有善于变革才能创造新的可能性。有学者这样分析农村的家庭联产承包责任制：既不是传统计划经济的"一大二公"，也不是典型西方市场经济的"纯私有"，而是根据中国农村实际，创造了一种行之有效的产权界定新形式。从家庭联产承包责任制到农村土地"三权分置"，从兴办特区到设立自由贸易试验区，中国改革不断创造着教科书上所没有的新经验、新事物，在没有路的地方走出路来。不仅有深刻的"物理过程"，也有复杂的"化学过程"，更有不断生长新的可能性的"生物学过程"。

事实上，唯变不变、以变存在、善于变化，正是传统治理智慧的精髓。正所谓，"一阴一阳之谓道，继之者善也，成之者性也"。中国历史的独特性，就在于这种"治世不一道，便国不法古"的变革精神、"凡益之道，与时偕行"的变革能力，让中华文明能够延续 5000 多年而青春不老、活力依旧。在新时代继续把改革开放推向前进，砥砺在变革中创造可能性的能力，将为中国带来更多发展红利，也将为世界提供更多可供借鉴的发展经验。历史不会终结于某一种固定的模式，人类对理想社会的追求不会止于一途。用改革不断实现自我革新、推陈出新、革故鼎新，才是人类社会文明赓续的正道。

哲人有言：任何国家都在时间的长河中航行，虽然"不能创造或控制时间"，却"能以不同的技能和经验驾驶航船前进"。今天，中国这艘承载着亿万人民梦想的巨轮，已经进入一片崭新的水域。过去一年，对党和国家机构进行系统性、整体性、重构性的改革，推出 100 多项重要改革举措，举办首届中国国际进口博览会……世界见证了新时代改革开放再出发的中国力度。既然选择远航，就不惧惊涛骇浪。

"以改革开放的眼光看待改革开放"，改革的激情永在，改革的境界常新。

习近平主席在新年贺词中号召："2019年，有机遇也有挑战，大家还要一起拼搏、一起奋斗。"未来不是在某个地方等待我们的静态图画，而是需要我们去主动创造的流动图景。新时代改革开放扬帆起航，正是要为中国创造更多可能性，打开更大的发展空间。

(《人民日报》2019年1月4日)

治理思考，因地制宜解难题

张　凡

全国两会即将召开。在这个参政议政、建言献策的平台上，"治理"无疑是一个关键词。这些年来，习近平总书记在参加团组审议讨论时，常常用形象的比喻生动阐明治国理政之道，引发热议更引人深思。以"啃硬骨头"比喻改革攻坚克难，以"加减乘除"为东北老工业基地发展破题，以"像石榴籽那样紧紧抱在一起"谈民族团结……连珠妙喻，之所以让人印象深刻，不仅在于语言的精妙生动，更在于背后所蕴含的治国理政的深刻思考。

与代表委员面对面，探讨治理问题，是习近平总书记参加全国两会的重要方面。党的十八大以来，总书记先后36次参加团组审议讨论，听取近300位代表委员的发言。从内政外交国防，到治党治国治军，总书记那些深入人心的治理金句，饱含对人民群众的深切关怀，也凝结着对治国理政的深邃思考。以"立下愚公志"强调打好脱贫攻坚战，以"三严三实"要求作风建设，以"亲""清"定义新型政商关系，以"冰天雪地也是金山银山"阐释绿色发展……在两会上，习近平总书记深入浅出地阐述治国理政的理念，为问题找答案，为发展谋思路，标注出国家治理与社会发展的航标。

习近平总书记的牵挂，彰显着"从群众中来，到群众中去"的执政风格，也指引着新时代改革发展的宽广道路。回望过去6年，习近平总书记以"腾笼换鸟、凤凰涅槃"为喻，为广东推动产业优化升级指明方向；强调要"像保护眼睛一样保护生态环境"，希望青海走绿色发展之路；强调内蒙古产业发展不能只盯着"羊、煤、土、气"，要扎实推进经济高质量发展……可以看到，发展理念的升级、思想观念的更新，进而推进发展动力转换、推动发展方式转变，是总书记始终关注的重点。

国家治理，既要有"大刀阔斧"的气象，也要见"绣花针"的功夫。在2017年全国两会上，习近平总书记就两次以"绣花"为喻，强调治理的精细、精准。在上海团，他指出"城市管理应该像绣花一样精细"；在四川团，他强调脱贫攻坚"全过程都要精准，有的需要下一番'绣花'功夫"。唯有精细化治理，大城市才能不断提升治理能力；唯有精准施策，脱贫攻坚才能稳扎稳打、取得实绩。习近平总书记在全国两会上察民情、问细账，充分展现着这种精准、细致的工作方法。很多人都记得2016年总书记与青海贵德县大史家村党委书记毕生忠代表那段长达20分钟的对话，"青海的砖瓦生产是过剩还是平衡""政府给你们补贴了吗""你们现在都种什么庄稼"……一连串的发问，让人印象深刻。问得细才能了解深，了解深才能行动明，以"绣花"的功夫谋治理、谋发展，才能回应好人民群众对美好生活的向往。

治国理政的思考，传递发展的理念、规划前行的目标。过去 6 年，习近平总书记曾四次参加东北三省代表团审议，对东北振兴非常重视。在 2014 年和 2018 年，他两次走进广东代表团，释放出将改革开放进行到底的强烈信号。在每年两会结束后，习近平总书记也会带着关注的问题、了解的情况再次进行实地调研，细化部署。2016 年在黑龙江代表团参加审议后，仅过了两个月，习近平总书记就来到黑龙江考察。从会场内到会场外，习近平总书记将治国理政的深入思考、实干为民的情怀，写在祖国的大地上。

"始终与人民心心相印、与人民同甘共苦、与人民团结奋斗"。用真情回应人民期盼，用行动践行郑重诺言，这正是当代共产党人的治理理念和为民情怀。

（《人民日报》2019 年 3 月 1 日）

中国为什么能

七、逻辑VI：精神

精神在，脚步就不会停

张　铁

　　新时代东风浩荡，中国梦曙光在前。在十三届全国人大一次会议闭幕会上，习近平主席以激昂的语调、饱满的情感，深刻阐释了中华民族的伟大民族精神。伟大创造精神、伟大奋斗精神、伟大团结精神、伟大梦想精神，勾画出中华民族共同精神家园的胜境，意蕴深沉、内涵丰厚，让人心潮澎湃、反复沉吟。

　　继往开来之时，抚今追昔之中，更感贞下起元，虽往复而万象已新。看历史，荡胸生层云。伟大民族精神，结晶于上下五千年沉淀的心灵河床之上，蕴藏在中华民族的生生不息、薪火相传之中。忆往昔，峥嵘岁月稠。伟大民族精神，是我们近代以来滔滔洪流中形成的精神高地，是170多年来我们共同铸就的精神家园。思未来，扬帆但信风。伟大民族精神，必将在复兴征程上不断发扬光大，在实现中国梦的道路上如天行健、如地势坤。这样的伟大民族精神，可谓千载一时、一时千载。

习近平主席的阐释中，有着对中国传统厚重底蕴的深刻思考，有着对中华民族五千年连绵不断文明的崇高敬意。伟大创造精神，体现在诸子百家、诗词曲赋，体现在影响世界的四大发明，体现在有形的无形的文化遗存；伟大奋斗精神，体现在大好河山、辽阔海疆、广袤良田，体现在中国人民千百年来的生产生活、日用伦常；伟大团结精神，体现在 56 个民族多元一体、交织相融，体现在中华民族大家庭同心同德、守望相助；伟大梦想精神，体现在小康的理念、大同的情怀，体现在勇于追求和实现梦想的执着精神。中华文化、中国精神，亘古亘今、亦新亦旧，以整合性和包容力形成了一个"有着强大向心力的漩涡"。

这一阐释中，有着对近代中国苦难辉煌的深切感受，有着对 170 多年来仁人志士前赴后继、上下求索的深切体认。伴随近代中国"三千年未有之大变局"的，是对民族精神的反思。鲁迅笔下的阿 Q、祥林嫂，他所描绘的围观斩首、人血馒头，无不是哀其不幸而怒其不争。然而，也正是在风雨如晦中，那些可堪"中国脊梁"的人们如群星闪耀，放射光芒于历史的天穹，照亮精神于民族的星空，以创造、以奋斗、以团结、以梦想，书写救亡图存的壮丽史诗，实现从富到强的伟大飞跃，让中华民族前所未有地接近民族复兴的伟大梦想。恩格斯曾说过：文化上的每一个进步，都是迈向自由的一步。反之，迈向现代化的每一步，也都是精神的聚力。

这一阐释中，有着对未来中国光明前景的坚定自信，有着面向"两个一百年"目标、面向社会主义现代化强国进军的满腔激情。新时代气象万千，新征程任重道远。有人这样总结，现代化的第一个阶段是工业化与欧洲千万级人口的结合，第二个阶段是工业化与美苏 1 亿级人口的结合；而在当前的中国，工业化正在与 10 亿级人口结合，并迅速向信息时代转身。仍需创造，让更多奇迹涌现；仍需奋斗，刷新我们的美好生活；仍需团结，汇聚起强大力量；仍需梦想，大踏步走向未来。石在，火种就不会绝；精神在，脚步就不会停，中华巨轮只有在一代又一代人的接续奋斗中才能劈波斩浪、扬帆远航。

犹记 5 年前同样的场合，习近平主席庄严宣示，实现中国梦必须弘扬中国精神。放眼世界历史大格局，从西班牙、葡萄牙的海上探险，到荷兰、英国的贸易立国，再到德国、美国的科技革命，每一个世界性大国的崛起，都不仅是物质财富的累积，更是文化力、精神力的飞跃，彰显着一种崭新的价值体系。中国人民的辛勤劳作、发明创造，革故鼎新、自强不息，团结一心、同舟共济，心怀梦想、不懈追求，铸就了伟大民族精神，激荡着伟大复兴的梦想。始终发扬伟大民族精神，正是实现伟大复兴最坚实的底气、最强大的动力。

数十载长河浩荡，九万里风鹏正举。有着民族精神的托举，有着以习近平同志为核心的党中央坚强领导，我们伟大的国家、我们伟大的民族，一定能够扶摇而上，飞向更加光辉灿烂的明天。

（《人民日报》2018 年 3 月 21 日）

保持"同困难斗争"的精气神

李拯

经济社会发展中，常常会遇到这样的选择题：面对复杂严峻的外部环境，是直面风险挑战还是抱持逃避现实的"鸵鸟心态"？面对改革发展中的问题，是敢于担当还是遇到矛盾绕着走？这些问题，考验着党员领导干部的责任担当和能力水平。

正因如此，习近平总书记在中共中央政治局民主生活会上着重强调，"必须让我们的干部特别是领导干部经风雨、见世面、长才干、壮筋骨，保持斗争精神、增强斗争本领"。前进道路上，不可能一帆风顺、一马平川，各种斗争不可避免，我们必须做好进行具有许多新的历史特点的伟大斗争的充分准备。正所谓，"宝剑锋从磨砺出，梅花香自苦寒来"。当前，世界面临百年未有之大变局，变局中危和机同生并存，我们只有发扬斗争精神，既敢于斗争，又善于斗争，不在困难面前低头、不在挑战面前退缩，才能化危为机、转危为安，推动中国号航船劈波斩浪、行稳致远。

党的十八大以来，正因为"坚持以零容忍态度惩治腐败"，坚持同党内腐败和作风问题作斗争，才取得了反腐败斗争的压倒性胜利；正因为"众志成城实现脱贫攻坚目标"，坚持同贫困落后作斗争，才让中国的扶贫事业成为世界各国的学习对象；正因为"像保护眼睛一样保护生态环境"，坚持同环境污染作斗争，才让绿色发展的理念成为社会共识。这些年之所以"解决了许多长期想解决而没有解决的难题，办成了许多过去想办而没有办成的大事"，一个重要原因就是既有敢于斗争的勇气，又有善于斗争的本领，进而化作攻坚克难、除弊纠顽的力量，孕育推陈出新、革故鼎新的智慧。

可见，今天提倡保持斗争精神、增强斗争本领，是指不能丢失那种敢于直面矛盾、敢于较真碰硬、敢于尽责尽力、敢于善作善成的精神状态，那种迎难而上、攻坚克难、逢山开路、遇水架桥的实际行动。如今，推进改革的复杂程度、敏感程度、艰巨程度不亚于40年前。我们现在所处的，是一个船到中流浪更急、人到半山路更陡的时候，是一个愈进愈难、愈进愈险而又不进则退、非进不可的时候。风云变幻，最需要的是战略定力；竞争激烈，最重要的是急流勇进；迎接挑战，最根本的是改革创新。我们骨头要硬，不能胆怯、不当逃兵，保持那种知难而进、逆流而上的气概，那种遇强更强、愈挫愈勇的坚韧，勇立潮头、奋勇搏击，才能应对重大挑战、抵御重大风险、克服重大阻力、解决重大矛盾。

伟大梦想不是等得来、喊得来的，而是拼出来、干出来的。保持斗争精神，不是毫无章法的莽撞蛮干，不是不讲规则的东一榔头、西一棒槌，更不是无视规律的乱作为。这就需要增强斗争本领，科学预见形势发展的未来走势、蕴藏其中的机遇和挑战、有利因素和不利因素，透过现象看本质，牢牢掌握斗争主动权。比如说，如何在确保稳定的前提下更好激发微观主体活力？如何在应对经济下行压力的同时实现发展方式转变？如何更好兼顾经济发展与环境保护、做大蛋糕与分好蛋糕？解答好这些没有现成答案的课题，尤其需要增强斗争本领，把干部放到重大斗争一线去真枪真刀磨砺，强弱项、补短板，学真本领，练真功夫。

"江河之所以能冲开绝壁夺隘而出，是因其积聚了千里奔涌、万壑归流的洪荒伟力。"新时代是奋斗者的时代。保持"同困难斗争"的精气神，焕发一往无前的斗争精神，我们将克服新长征路上的"娄山关""腊子口"，为实现中华民族伟大复兴提供磅礴力量。

（《人民日报》2019 年 1 月 8 日）

激活岁月沉淀的精神力量

——让红色基因融入血脉代代相传

桂从路

"让红色基因永葆活力、彰显威力""推动红色基因融入官兵血脉，确保我军血脉永续、根基永固、优势永存"……近日，中央军委印发《传承红色基因实施纲要》，在全军官兵中产生热烈反响，也引发全社会的高度关注。

信念如磐，一脉相承。从井冈山上的艰难探索，到长征途中的跋山涉水；从抗日战场上的中流砥柱，到解放战争中的铁马雄师；从建设时期的战天斗地，到改革年代的无私奉献，回望走过的不凡征程，红色基因激荡红色力量，打造出一支"战胜一切敌人，征服一切困难"的人民军队。深扎信仰之根、传承红色血脉，让人民军队不畏艰难、一路凯歌，扬得胜之旗、结必胜之果。

让信仰之火熊熊不息，让红色基因融入血脉，让红色精神激发力量。在传承中焕发红色基因的时代光芒，不仅是新时代政治建军的战略任务和基础工程，也为我们推进伟大事业、实现伟大梦想筑牢精神的基座。我们党 97 年经天纬地，新中国 69 年改天换地，改革开放 40 年翻天覆地，一代代共产党人在时代的激流中奋进，在复兴征程中铸就了崇高的信仰理想、形成了独特的精神气质。这样的红色基因，凝结着老一辈革命家的艰辛探索和责任担当，沉淀着无数革命先烈的赤胆忠诚与奋斗牺牲，是我们赓续光荣、走向未来最宝贵的精神财富。

行程万里，不忘来路；饮水思源，不忘初心。前行于百尺竿头、发展正中流击水，任务千头万绪，问题错综复杂，挑战无处不在。方此之时，靠什么凝聚亿万人民同心圆梦的力量，又用什么来激发攻坚克难的勇气与斗志？激活蕴藏于我们血脉中的精神力量，把精神的力量变成改变世界的行动，才能承担起中国人民和中华民族的历史重托，创造属于新时代的光辉业绩。

激活红色基因、赓续红色传统，正日益成为人们的行动自觉。作为中国革命"红船"的启航地，"红"是浙江嘉兴的底色，激励着这座城市百折不挠、敢为人先；山东沂蒙老区传承沂蒙精神，把红色资源转化成发展优势，在新旧动能转换、乡村振兴上走在前列。红色基因标注信仰与方向，连接过去与未来，蕴含活力与动力。今天，传承红色基因，就是要坚定舍我其谁的信念、勇当尖兵的决心，保持爬坡过坎的压力感、奋勇向前的使命感、干事创业的责任感，激发始终不渝的意志、应对挑战的信心、埋头苦干的动力。

历史是最好的教科书。让红色基因代代相传，尤须用好红色资源、讲好红色故事。前不久央视热播的《信·中国》展现了 46 封共产党人的书信，以一方舞台、一封书信、一段讲述、一次诉说，再现了理想的光辉与信仰的力量，令无数观众潸然泪下。不可否认，现实中，少数年轻人对那段历经血与火洗礼的革命岁月，还缺乏足够认知。但红色基因是中国人的集体记忆，一旦被激活，就能产生强烈共鸣。让收藏在博物馆里的革命文物、陈列在广阔大地上的红色遗产、刻印在书籍里的激扬文字都更加生动鲜活，走进人们的内心，提供精神的滋养，就一定能在新时代激发出红色基因的巨大能量。

河北西柏坡、福建古田、贵州遵义、安徽金寨……党的十八大以来，习近平总书记用脚步丈量信仰高地，足迹遍布众多革命老区，殷切嘱托"把红色资源利用好、把红色传统发扬好、把红色基因传承好"。中华民族从站起来、富起来到强起来的历史进程中，经历了艰难坎坷，见证了奋斗的力量。传承好红色基因，就是要让一代代人不忘初心、牢记使命。今天，中国发展进入新的历史方位，但前方依然会有雪山沼泽、浅滩暗礁。激活红色基因、凝聚奋斗伟力，才能破解发展不平衡不充分的难题、打赢"三大攻坚战"、迈向高质量发展，走好我们这一代人的长征路。

红色基因最终要通过行动来传承。97年来，一代代共产党人把红色基因转化成革命、建设、改革的强大力量，推动中国号巨轮破浪前行。播撒红色火种，赓续光荣传统，在接续奋斗中激荡同心筑梦的磅礴力量，我们也一定能在红色基因中注入时代精神，书写下民族复兴的辉煌篇章。

（《人民日报》2018 年 6 月 26 日）

美好生活需要奋斗的浇灌

——激发新时代的民族精神伟力

李 拯

清晨的地铁上，年轻人摩肩接踵奔向一天的忙碌；城市的街巷里，快递小哥把堆积如山的快递分发到家家户户；咖啡馆里，创客们正在构思新的产品形态与商业模式……无数人的奋斗，汇聚成中国社会的奔涌活力，留下了新时代的温暖印记。

奋斗，一个让人心潮澎湃的词汇，一种带来改变、孕育希望的力量，它是一个时代的精神气质，更有着一脉相传的历史根脉。中华民族以勤劳著称于世，奋斗精神更是镂之于心的文化基因。"中国人民自古就明白，世界上没有坐享其成的好事，要幸福就要奋斗"，习近平总书记在十三届全国人大一次会议上的讲话，既有对中华民族伟大奋斗精神的精炼概括，更在全社会树立起奋斗的旗帜。

宏大建构如国家的复兴之梦，具体而微如百姓的幸福之梦，奋斗都应该是筑梦圆梦的底色。但是现在，"不相信奋斗"的想法也在一些人那里冒头，"靠奋斗不如靠背景"成为一些人的生存哲学。对奋斗价值的解构，往往可以分为两类，第一类属于"奋斗无用论"，片面认为阶层固化、社会板结，催生出一些以消沉失望、无所作为为特征的亚文化；另一种类型则属于"奋斗不必论"，中国经济发展到今天，很多家庭有了上一辈的积累，一些人由此把享受成果置于努力奋斗之上。这些认知，尽管并不会让奋斗贬值，却也在消解奋斗的含义，对社会心态产生负面影响。

针对现实的焦虑和困惑，唯有解开思想的扣子，才能真正让奋斗的价值深入人心，成为最大公约数、获得强大生命力。平心而论，中国经济每年的增量相当于一个英国的规模，做大的蛋糕能够为大多数人提供改变命运的机会。关于这一点，享受脱贫攻坚红利的农民、赶上互联网浪潮的创业者等群体，都有切身的体会。中国并不缺少机会，但每一个机会都不是白来的，而是需要用实实在在的奋斗去把握。"奋斗无用"只是为放弃努力寻找的借口。而躺在前人种的大树下坐吃山空，则不仅难以为继，更会带来精神世界的空虚。当幸福达到一定层次，物质条件的改善愿望往往不如精神层面的提升更紧迫。奋斗不仅仅是实现目标的手段，奋斗同样是一种生活方式，一种实现更好自己的人生选择。在今天的中国，这不是一种奢谈。

奋斗同样是一个世界性的课题。有些发达国家为什么频繁陷入主权债务危机和福利主义陷阱？一些新兴市场国家为什么会缺少增长动力与社会活力？严肃的学术讨论有很多，但归结起来，都可以从《大学》中的"生之者众，食之者寡，为之者疾，用之者舒，则财恒足矣"这句话找到启示。如果生之者寡，食之者众，都想着坐享其成，都想着保住自己的奶酪，奋斗的人越来越少，劳动的意愿越来越低，怎么可能支撑国家的持续发展？又如何能激发社会的生机活力？今天，不少发展先天条件无比优厚的国家，都在为如何让人们重新"动起来"而烦恼。就此而言，伟大奋斗精神不仅在为中国发展注入持久动力，更是为世界文明进程提供一种深刻的中国启示。

当然，奋斗不仅需要激发奋斗者的激情，更需要为奋斗者提供舞台。这恰恰是新时代的题中之义。从进一步简政放权，到营造良好营商环境，再到完善任人唯贤的用人制度，一系列改革举措就是要建立更加公平的社会竞争环境，让一个人凭借奋斗而不是关系获得成功，让每个人都能享有同祖国和时代一起成长与进步的机会。每一个人都是新时代的见证者、开创者、建设者，如果你准备用奋斗改变命运，那么现在就是最好的时代。

"如果额头终将刻上皱纹，你只能做到，不让皱纹刻在你心上。"人间万事出艰辛，越是美好的梦想，越需要付出艰辛努力。对奋斗的信念，就是对汗水与双手的信念，对时代与未来的信念："有梦想，有机会，有奋斗，一切美好的东西都能够创造出来。"

（《人民日报》2018 年 3 月 28 日）

大道至简，实干为要

李浩燃

大千世界，纷繁复杂；文化经典，灿若星河。然而，那些最深沉、最恒久的道理，也往往最简单、最朴素。

"大道至简，实干为要"，便是这样一条质朴哲理。事无论大小，都是靠脚踏实地、一点一滴干出来的。生活中，一些人埋头苦干深挖一眼泉，最终收获了实至名归的成功；一些人左顾右盼寻找捷径，反而兜兜转转、屡尝败绩。"见之不若知之，知之不若行之。"做人做事，最怕的就是只说不做，眼高手低。实干则可说是连通"知"与"行"的桥梁，一"实"当先可以胜过百"巧"。实干如同园丁的锄头，砸向大地就能花香袭人；实干也似农人的犁铧，深入泥土就有春华秋实。

今天，我们为什么反复强调实干精神？因为深化改革的航船行进至此，"比认识更重要的是决心"。历经时间长河的淘洗，我们已经沉淀了丰富的改革认识论、方法论。虽然我们已走过万水千山，但仍需要不断跋山涉水。当此之时，无论是继续涉险滩、啃硬骨头，还是推动改革举措进一步走深走实，关键都在于激发上下同心、狠抓落实的精气神。改革关头勇者胜。认准了的事情，就要坚定不移、善作善成。涵养实干的态度，葆有实干的姿态，笃定逢山开路、遇水架桥的决心，砥砺滚石上山、爬坡过坎的意志，我们终将战胜一切艰难险阻。

今天，我们为什么一再呼唤实干行动？因为解决发展不平衡不充分的问题，"比方法更关键的是担当"。实干与担当，犹如一对孪生兄弟。离开实干，再漂亮的口号也是空中楼阁，再有分量的担当也难以落地生根；没有担当，遇到问题绕着走、碰到矛盾躲着走，也当然不可能有真正意义上的实干。为官避事平生耻，要实干就要担当，敢于接"烫手山芋"，敢于钻"矛盾窝"。庸碌无为、得过且过，乃是实干的天敌；打通梗阻、破解难题，贵在勇于担当、积极作为。人在事上练，刀在石上磨。那些崇尚奋斗、苦干实干者，也必将练就担当的宽肩膀，不断提升个人的视野、能力与境界。

从某种意义上说，一个时代的气质与风貌，是由实干定义的。回溯改革开放 40 年波澜壮阔的不凡征程，我们之所以能摆脱被开除"球籍"的危险、跻身世界第二大经济体，依靠的是实干；我们之所以能创造农村贫困人口减少 7.4 亿、农村贫困发生率下降 94.4 个百分点的减贫奇迹，除了实干别无他途。"社会主义是干出来的，新时代也是干出来的。"奋进新时代，实干就是硬道理。现在，决胜全面小康重任在肩，打赢脱贫攻坚战时不我待，民族复兴的梦想渐行渐近。越到紧要关头，越要坚定必胜的信念，越要有一鼓作气攻城拔寨的决心，将实干进行到底。

"要迎着晨光实干，不要面对晚霞幻想。"空谈误国，实干兴邦。新时代是奋斗者的时代，清谈客没有舞台，实干家未来无限。

（《人民日报》2018 年 11 月 14 日）

伟大梦想是拼出来干出来的

——站在改革开放新的起点上

人民日报评论部

"在中国人民手中，不可能成为了可能。"连日来，一张"总书记为你点赞"的海报在网上热传，让这个金句更加深入人心。"我们为创造了人间奇迹的中国人民感到无比自豪、无比骄傲！"习近平总书记在庆祝改革开放 40 周年大会上的讲话，振奋了亿万中国人奋发的豪情。

40 年风雨同舟，40 年披荆斩棘，行进在改革开放之路上的亿万人民筚路蓝缕、胼手胝足，改变了中国的面貌、中华民族的面貌、中国人民的面貌、中国共产党的面貌。占全球 GDP 比重达 15.2%，对世界经济增长贡献率超过 30%，九年义务教育巩固率达 93.8%，常住人口城镇化率 58.52%……每一个数字背后都有中国人民艰苦奋斗、顽强拼搏的身姿，每一个中国人都有着共同的名字——"奋斗者""实干家"。

　　"历史是人民书写的，一切成就归功于人民"。改革开放40年，人民生活的改善，不是国家发展的"意外结果"；相反，正是人民向着美好生活的奔跑，让"中国号"巨轮乘风破浪、一往无前。扶贫就是一个很好的例子。从1978年到2017年，中国农村贫困人口减少7.4亿。让我们把这7.4亿还原到人——他们是那些背着编织袋走进城市的人们，是那些在土地里播撒下粮食、蔬菜、药材种子的人们，是那些在家门口的乡镇企业中缝制衬衫的人们，是那些依靠电商网站把土特产卖到世界各地的人们……今天，更有无数扶贫干部、"第一书记"，奋战在脱贫攻坚的主战场，向贫中之贫、困中之困发起总攻，誓言全面小康"一个都不能少"。正是有了每一段人生奋斗的旋律，才有了雄浑的命运交响、澎湃的时代潮音。

　　"世界上没有坐享其成的好事，要幸福就要奋斗"，这是中国人民最质朴的"奋斗哲学"。回看庆祝大会表彰的"改革先锋"们的人生轨迹，一个结论愈发清晰："伟大梦想不是等得来、喊得来的，而是拼出来、干出来的。"今天，我们有了更高的奋斗目标，从全面建成小康社会到基本实现现代化、再到全面建成社会主义现代化强国，实现中华民族伟大复兴中国梦，就要咬定青山不放松，继续以实干开辟征程、以奋斗开创未来。

　　靠拼搏、靠实干成就伟大梦想，就要有那么一股子韧劲、拼劲、闯劲、干劲。有人说，两个"村"的故事，浓缩了一部改革开放史。一个是小岗村，18位"大包干"带头人摁下"红手印"，开启了农村改革的进程。包产到户之所以能成为打开发展闸门的按钮，正是因为它激活了人的行动，焕发出人们奋斗的动力。另一个是中关村，在当年中科院物理所一个堆积实验废旧物资的小仓库里，诞生了"村里"

第一家民营科技企业。如今短短 220 米的中关村创业大街，成为无数人梦想的孵化器。小岗村"大包干"带头人、中关村创业者柳传志，被授予"改革先锋"称号，就是对"中国式奋斗"的致敬，更是对中国一代代奋斗者的激励。

靠拼搏、靠实干成就伟大梦想，就要有那么一种愈挫愈勇、愈险愈进的精神追求。无限风光在险峰。一位外国学者在登长城时，看着群山上一座高过一座的烽火台感叹，"几千年前中国人修建长城的奋斗历程，与现代中国人进行改革开放的探索实践是一个相似的过程"。从站起来、富起来到强起来，应变局、平风波、战洪水、防非典、抗地震、化危机，一路走来可谓跋山涉水；圆梦民族复兴的征程，每一步也都不会轻松，还会面临这样那样的风险挑战，甚至遇到难以想象的惊涛骇浪，要走的路仍需从没路的地方踩踏出来、从遍布荆棘的地方开辟出来。

年届 80 岁的老人黄九龙参观"伟大的变革"展览时，竟看到了自己：一张展出图片中，他和大伙正在听村"第一书记"讲十九大精神。的确，人民群众是历史的书写人，也是改革开放的推动者；改革开放是亿万人民的共同事业，也需要亿万人民共同去完成。向着未来出发，需要我们每个人努力拼搏，在新时代创造更加美好的未来。

（《人民日报》2018 年 12 月 25 日）

激发信仰信念信心的精神力量

——站在改革开放新的起点上

人民日报评论部

"信仰是大海航行的灯塔，信念是破浪前进的引擎，信心是迎风蓄力的风帆""从 40 年改革开放征程中汲取精神力量，以持续奋斗赢得更大幸福"……连日来，从雪域高原西藏，到满目苍翠的深圳，再到热火朝天的河北雄安新区，习近平总书记在庆祝改革开放 40 周年大会上的讲话引起热烈反响，鼓舞起亿万人民的精神力量。

习近平总书记强调，"信仰、信念、信心，任何时候都至关重要。"回望改革开放 40 年，最是精神动人心。"团结起来，振兴中华！"1981 年，当中国男排首次冲出亚洲、中国女排第一次站上世界冠军的领奖台时，北京大学的同学们喊出这一发自肺腑的响亮口号，成为引领时代发展的最强音。而在 2018 年的五四青年节前夕，习近平总书记考察北大时，在场的莘莘学子再次喊出这句激荡人心的口号。穿越时空的心声表明，时至今日，相信我们国家、我们民族会越来越好，依然是每一个中国人的期盼，依然是推动整个民族向上向前的精神力量。改革开放铸就的伟大改革开放精神，极大丰富了民族精神内涵，成为当代中国人民最鲜明的精神标识。

时光永不停歇，精神穿透岁月。今天的中国，一分钟能发生什么？"复兴号"前进了 5833 米，移动支付 3.79 亿元，7.6 万件快递被收发……在庆祝改革开放 40 周年之际，人民日报新媒体推出的"中国一分钟"系列微视频，感动无数网友的，是蕴藏在时间里的伟力，更是中华民族矢志奋斗的精神力量。民族复兴伟大征程上的每个"一分钟"，都凝聚着中国改革开放的奇迹。无数个"一分钟"汇成的时光之手，让公路成网、铁路密布，让高坝矗立、巨轮远航，天堑变通途。今天，我们庆祝改革开放 40 周年，就是要把这份不息的信仰之光、信念之火、信心之歌传递下去，让生生不息的改革精神照亮前路。

奋斗通往远方，信仰指引方向。2018 年是中国改革开放 40 周年，也是马克思诞辰 200 周年。5 月 5 日，马克思故乡德国特里尔市迎来一份来自中国的礼物：一尊总高 5.5 米的马克思雕像。就在之前一天，万里之外的人民大会堂，中国共产党人隆重召开纪念大会，向这位"千年第一思想家"致以敬意。马克思播下的真理火种，近百年来在中国燃烧成不灭的信仰火炬。今天，中国特色社会主义进入新时代，当代共产党人以巨大的理论勇气和实践智慧，创立了习近平新时代中国特色社会主义思想，完成了马克思主义中国化的又一次伟大飞跃。这份信仰的果实，为实现中华民族伟大复兴提供了行动指南。

"无论过去、现在还是将来，对马克思主义的信仰，对中国特色社会主义的信念，对实现中华民族伟大复兴中国梦的信心，都是指引和支撑中国人民站起来、富起来、强起来的强大精神力量。"习近平总书记的重要论述，阐明了精神力量之于一个国家、一个民族的重要意义。改革开放40年是中华民族生命力迸发的40年，也是个人创造能力极大激发的40年。可以说，改革开放最深刻的变化在于人，最根本的实惠归于人，最强大的动力依靠人。一个个写满希望梦想的人生故事，背后都充满着一股子精气神：不甘落后、敢为人先、大胆探索、善于创造。催动改革航船的，是来自每一个人的内生动力。从40年改革开放征程中汲取精神力量，就要保持那股子精气神，让改革精神在新时代持续焕发光彩。

志行万里者，不中道而辍足。越是伟大的事业，越是充满艰难险阻，越是需要敢闯敢试。改革开放越往纵深发展，面临的深层次思想矛盾和观念障碍就越大，越需要激发信仰、信念、信心的精神力量。以更大决心冲破思想观念的束缚，跳出条条框框的限制，切实增强改革的自觉性和坚定性，才能在新时代改革开放中开创新气象、实现新作为。新时代也必将在信仰、信念、信心激发的磅礴之力下，成为活力不断迸发、激情充分涌流的"黄金时代"。

（《人民日报》2018 年 12 月 27 日）

在奋斗中收获更多自信和勇气

人民日报评论员

奋斗者永不停歇的脚步，在时间的长河中刻印下自己的坐标。

"过去的一年，我们在前进路上奋力奔跑，跨过许多沟沟坎坎，越过不少激流险滩，很辛苦、也很充实，有付出、更有收获""我们的党、我们的国家、我们的人民在奋斗中收获了更多自信和勇气"……新春佳节到来之际，习近平总书记在2019年春节团拜会上，与大家一起叙友情、话国是，回望奋斗的历程、重申奋斗的意义、彰显奋斗的价值。"奋斗"这一时代主题词，激励着奔跑在追梦路上的亿万中国人民。

时序更替，梦想前行。过去的一年，是辛勤耕耘的一年，也是岁物丰成的一年。这极不平凡的一年，我们交出了一份扎扎实实的成绩单：一年来，中国经济仍是世界的发动机，增长稳居世界前列；一年来，78个重点改革任务基本完成，329个改革方案陆续出台，各项改革措施落地生根；一年来，125个贫困县通过验收脱贫，1000万农村贫困人口摆脱贫困，人民群众获得感、幸福感、安全感持续增强……人间万事出艰辛，"奋斗"二字，写在决胜全面小康的奋力冲刺中，写在走向伟大复兴的如虹气势里。

在奋斗中，我们收获坚实的自信。习近平总书记强调，"新时代是奋斗者的时代"，"每一个人都是新时代的见证者、开创者、建设者"。超过1亿户市场主体，书写发展的活力；世界上最大的社保网络，构筑追梦的基座。亿万人民用勤劳的双手和辛勤的汗水，创造了自己的美好生活，也推动着时代的发展前行。过去，中国人民在奋斗中让不可能成为了可能；未来，中国人民将以奋斗创造新的辉煌。我们有这个自信，更有这个能力。

在奋斗中，我们鼓起前行的勇气。中国经济的巨轮已经进入更加开阔的水域，由高速增长阶段迈向高质量发展阶段；中国日益走近世界舞台中央，成为世界和平的建设者、全球发展的贡献者、国际秩序的维护者。70年艰辛奋斗、40年披荆斩棘、6年多来砥砺前行，中国既有物质财富的积累，也有经验方法的沉淀，更有无穷的潜力尚待挖掘。"踏平坎坷成大道，斗罢艰险又出发。"奋力跑好接力赛中的这一棒，我们信心满怀。

伟大梦想，奋斗以成。2019年，我们将迎来新中国成立70周年，也将为全面建成小康社会收官打下决定性基础。当此之时，更需勇立潮头、奋勇搏击。中国人民的自信和勇气，源于奋斗历程中震撼人心的中国奇迹、温暖人心的中国故事；而无数美好生活的创造者、守护者，会在前进征途上创造振奋人心的新的更大奇迹。把奋斗精神融入岗位、融入日常、融入人生，奋斗将不仅定义我们的生活，更将定义我们生活的时代。

春天播种，秋天收获。今日中国，960 多万平方公里土地上生机勃发、春意盎然，近 14 亿中国人民意气风发、豪情满怀。让我们踏着春天的脚步，高扬奋斗之帆、紧握奋斗之桨，以奋斗成就梦想，在奔跑中开创未来，书写新时代的崭新篇章。

（《人民日报》2019 年 2 月 4 日）

中国为什么能

八、逻辑VII：人民

人民是我们党执政的最大底气

——新中国 70 年巨变的内在逻辑⑦

人民日报评论部

多省份确定 2019 年退休人员基本养老金上调方案，上调幅度达到 2018 年的 5% 左右；教育部、各地以及高校学生资助热线电话全面开通，确保贫困学子能顺利入学；上半年居民人均可支配收入实际增长 6.5%，再次跑赢 GDP 增速……每一条新闻，都在筑牢人民的获得感、幸福感、安全感，都在描摹人民共和国 70 年不变的底色与恒心。

环顾世界，很少有哪个国家像中国这样，带领如此众多的人口，跑出现代化的"加速度"。70 年前，中国连一辆拖拉机都造不了，如今小汽车的保有量已经超过 2 亿辆；70 年前中国老百姓吃不饱、穿不暖，如今 28.4% 的恩格尔系数标志着生活进入"富足"区间……这 70 年，是国家发展进步的 70 年，更是人民走向美好生活的 70 年。一个占世界人口 1/5 的最大发展中国家，在现代化历程中始终保障人的权利、致力人的发展、彰显人的价值，始终体现着社会主义的本质要求。如果说新中国 70 年的发展拓展出一条独具特色的"中国道路"，那么 70 年一脉相承的发展目标、不断向好的民生改善，更向世界宣示了一种难能可贵的"中国价值"。

70 年来，人民不仅见证着、分享了国家发展的巨大成就，更参与着、推动了国家民族的浩荡前行。亿万人胼手胝足的奋斗，成为一代又一代中国人的集体记忆；无数人奋力向前的脚步，汇成了中国 70 年发展的康庄大道。大海，是涓涓细流一点一滴汇成的；史诗，是亿万人民一笔一画书写的。

习近平总书记深刻指出："人民是共和国的坚实根基，人民是我们执政的最大底气。"新中国 70 年，最深刻的启示正在于此。一个珍视人民的国家必会兴旺发达，一个依靠人民的政党必将基业长青。回望历史、环顾世界，没有一个政党像中国共产党这样，在理论上鲜明提出、在思想上明确要求、在实践中始终践行"以人民为中心"。以"敢教日月换新天"的壮志建立人民当家作主的新中国，以"杀出一条血路"的决心走出中国特色社会主义道路，以"只留清气满乾坤"的胸襟开拓中国特色社会主义新时代……中国共产党团结带领全国各族人民自力更生、艰苦奋斗，共同绘就了这一幅波澜壮阔、气势恢宏的历史画卷。来自于人民、植根于人民、服务于人民，中国共产党始终保持了马克思主义政党的先进性，始终是引领中国社会发展进步的核心力量。

有着"闯"的精神、"干"的劲头的亿万人民，是中国飞扬的神采，也是中国不息的生机。推动"中国号"巨轮破浪前行、行稳致远，就必须始终同人民想在一起、干在一起。对于中国共产党来说，人民是最坚实的根基，也是接续奋斗的坐标。从"为人民服务，担当起该担当的责任"的执政理念，到"中国梦归根到底是人民的梦"的逐梦召唤，以人民为中心贯彻于一个个具体而务实的改革举措、发展方略。深化改革让人民群众更多地分享到经济发展的成果，法治建设回应对社会公平正义的期盼，正风反腐打造山清水秀的政治生态，脱贫攻坚兑现全面建成小康社会不落一人的政治承诺……把人民放在心中最高的位置，以造福人民为最大政绩，不仅极大提升了人民群众的获得感、幸福感、安全感，也激发出蕴藏于亿万人民之中的创造伟力。面向未来，让每个人都成为新时代的同行者、复兴路的奋斗者，我们就能始终立于不败之地。

不忘初心，方得始终。在新中国成立 70 周年、我们党全国执政 70 周年之时，开展"不忘初心、牢记使命"主题教育，既是一次寻根溯源的精神砥砺，更是一次同心逐梦的政治宣示。9000 多万党员、近 14 亿中国人民，是中国发展战风斗雨、再创辉煌的最大确定性。当此大有可为的历史机遇期，这个国家、这个政党和这片土地上的人民，必将汇聚起势不可挡的磅礴力量，向着中华民族伟大复兴的中国梦砥砺前行。

（《人民日报》2019 年 7 月 25 日）

基层情怀，问计于民听心声

李浩燃

如果说两会是观察中国民主政治运行的窗口，那么在这扇窗口中，习近平总书记与基层代表委员的互动、沟通、对话，则是媒体和公众最为关注的。

听闻郭建群代表来自湘西，询问十八洞村"现在人均收入有多少了""去年有多少人娶媳妇儿"；得知80后代表刘蕾是赫哲族，关心"现在还有多少人靠打鱼为生""江里的鱼还多不多"；了解到娘毛先代表是来自牧区的妇产科医生，关切"青海有的地方面积很大，农牧民看病怎么解决"……党的十八大以来，在历次全国两会期间，习近平总书记都很重视与基层代表委员交流，同他们一起聊民情、话民意、解民忧。他多次下团组，与基层代表委员共商国是、共谋未来，饱含深情与牵挂。一句句嘱托、一幅幅画面，映照着情系百姓冷暖的基层情怀，成为难忘的两会瞬间。

　　两会是议政建言的庄严殿堂。众多来自基层一线的代表委员聚首北京，凝聚众智、集聚众力，充分体现了中国特色民主政治的独特优势。在他们当中，无论是农民、一线工人，还是科研人员、大学生村官，都是来自基层普通群众的一员，对于治国理政有着自己的观察和思考。从农业发展到精准扶贫，从社会治理到生态保护，从国企改革到创新创业……每年全国两会，习近平总书记走近基层代表委员，同大家在互动交流、坦诚沟通中，汇集社情民意，凝聚改革共识，谋划发展良策。这样的安排，既是制度化的问计于民，也深刻诠释了"人心是最大的政治"，有利于更好唤起众人拾柴的心劲儿。

　　2014年3月，习近平总书记在参加全国两会上海代表团审议时指出："我们国家的真正稳定，靠我们基层的同志。"与代表委员面对面，就是倾听来自基层一线的声音，就是在把握一个更加真实的中国。事实上，从全国两会会场，到考察调研现场，再到其他重要场合，习近平总书记都始终重视基层、关怀基层。在兰州调研时，他语重心长地说，"希望大家都重视基层基础工作，关心基层党员，为基层搞好工作创造条件"。党的十九大上，他在参加贵州省代表团讨论时指出，"党的根基在基层""走遍基层才能心里有数"。在2019年新年贺词中，他寄语大家，"要倾听基层干部心声，让敢担当有作为的干部有干劲、有奔头"。可以说，基层始终是习近平总书记念兹在兹、一直牵挂的情感所系、重点所在。

　　"民可近，不可下；民惟邦本，本固邦宁。"从根本上说，基层情怀就是人民情怀。2018年全国两会，习近平总书记在参加重庆代表团审议时强调，"切实把人民赋予的权力用来造福于人民"。跟老百姓一起吃大盆菜，在地震灾区住临时板房，自己掏钱为乡亲们买年货……在一次次深入基层的考察调研中，习近平总书记访贫问苦，心系群众、不辞辛劳，倾听百姓心声。点点滴滴，为人民情怀写下了生动注解。"把人民放在心中最高位置"。党的十八大以来，以习近平同志为核心的党中央励精图治，牢记为人民谋幸福、为民族谋复兴的初心和使命，坚持以人民为中心的发展思想，让群众的获得感、幸福感、安全感持续增强。

一年之计在于春，两会将至暖人心。犹记去年全国两会上，代表委员通道首度开启，来自各个领域的代表委员特别是基层代表委员，回应社情民意、直面舆论关切，为两会带来清新之风，成为一道令人难忘的风景线，彰显了今日中国的开放与自信。像习近平总书记要求的那样，拜人民为师，以百姓之心为心，我们有理由相信，今年两会必将激发更多好声音、新智慧，为迎接新中国成立 70 周年凝聚磅礴力量。

（《人民日报》2019 年 2 月 27 日）

民生关切，一枝一叶总关情

盛玉雷

民之所盼，政之所向。指出"民生工作离老百姓最近，同老百姓生活最密切"，强调"让群众得到看得见、摸得着的实惠"，勉励"坚持不懈保障和改善民生"，要求"千方百计为群众排忧解难"……习近平总书记每年两会参加团组审议讨论时，民生都是他最深的牵挂。

国家大事连着百姓生活。全国两会上，老百姓身边的事被习近平总书记反复提及、连连追问，屡屡成为两会的热议话题。在广东团询问"珠三角现在 PM2.5 是多少"，在湖南团关心十八洞村"去年有多少人娶媳妇儿"，在四川团惦念"悬崖村"的孩子们，在青海团关切庄稼长势、砖瓦生产、牛羊肉价格……从生活冷暖到乐业安居，从教育医疗到公共服务，习近平总书记始终关心着老百姓生活的方方面面，体现了鲜明的人民立场，蕴含着深厚的人民情怀。

民生无小事，枝叶总关情。看似细致具体的小事，实则是治国理政的大事。空气中的"细颗粒物"少了，绿水青山的"大气候"就能变好；娶上了媳妇儿，说明脱贫致富可以创造美好生活；修缮的"天梯"方便了通行，教育的差距也能随之减小一些。"胸中有丘壑，眼里存山河。"几个小问题、几句家常话，考察的是土地政策、精准扶贫、产业发展的落地生根，擘画的是医疗保障、公平教育、美丽中国的发展图景，传递出以人民为中心的发展理念，彰显了为人民谋幸福的不变初心。

最动人的声音发自内心。这一幕令很多人难以忘怀：2016 年习近平总书记在参加青海代表团审议时，来自贵德县河阴镇大史家村的毕生忠代表，畅谈了村子的巨大变化，对总书记说："我们那里的老百姓把你喜欢得不得了！"这说明，老百姓心里有杆秤，谁把人民放在心上，人民就把谁放在心上。以百姓之心为心，就要与人民心心相印、与人民同甘共苦、与人民团结奋斗，始终把实现好、维护好、发展好最广大人民根本利益作为一切工作的出发点和落脚点，让发展成果更多更公平惠及全体人民。

两会中的"民生时刻"，既是在检验民生答卷，也是要补齐民生短板。提出扶贫"少搞一些盆景"，脱贫攻坚要经得起检验；强调民生工作"一诺千金，说到就要做到"；要求乡村振兴"杜绝形象工程"，保持健康有序进行……习近平总书记在两会上的民生金句，不仅成为深入人心的理念，更转化为落实到基层治理的行动。老百姓关心什么、期盼什么，改革就要抓住什么、推进什么，推动民生工作件件有着落、事事有回音，就能让老百姓看到变化、得到实惠。

保障和改善民生没有终点，只有连续不断的新起点。两会问政于民、问需于民、问计于民，正是为了更好地为民服务、为民造福。

2015 年全国两会期间，来自江西赣州的明经华代表带来了百岁老红军王承登写给总书记的一封信，信中希望国家加大对赣南茶油等扶贫产业的支持。习近平总书记不仅收下了来信，还在参加江西代表团审议时把信念给大家听，特地叮嘱在场有关部委负责同志去做些调研。如今，油茶树已经成为当地百姓脱贫致富的"幸福树"。从提高个税起征点到取消流量漫游费，从降低景区门票价格到行政审批"只进一扇门""最多跑一次"……在两会上，总书记的为民情怀、代表和委员的民生关切、人民群众的热烈期待同频共振，这是一切为了人民的写照，也是一切依靠人民的体现。

人民对美好生活的向往，就是我们的奋斗目标。就在今年全国两会前夕，国家统计局公布 2018 年脱贫攻坚成绩单，过去一年全国农村贫困人口减少 1386 万人，党的十八大以来全国农村贫困人口累计减少 8239 万人。期待更响亮的两会声音、更多的民生答卷，托举起近 14 亿人更加美好的生活。

（《人民日报》2019 年 2 月 28 日）

"让老百姓都能过上好日子"

李　斌

　　江西赣州于都，是中央红军二万五千里长征的集结出发地。5 月 20 日，习近平总书记来到这里，瞻仰中央红军长征出发纪念碑，亲切会见于都县红军后代、革命烈士家属代表，动情表示要饮水思源、不忘革命先烈，悉心叮嘱把井冈山精神和苏区精神继承和发扬好……习近平总书记在革命老区重申共产党人的初心和使命、理想和宗旨，为广大党员干部不忘初心、牢记使命、继续奋斗注入了强大正能量。

　　不忘初心，方得始终。犹记 2012 年，当选中共中央总书记的习近平在人民大会堂郑重承诺，要"夙夜在公、勤勉工作，努力向历史、向人民交出一份合格的答卷"。此次考察时，习近平总书记强调："中国共产党的初心就是为人民谋幸福、为民族谋复兴，党中央想的就是千方百计让老百姓都能过上好日子。"党的十八大以来，一个个彪炳史册的历史性成就和变革，见证了以习近平同志为核心的党中央对人民群众的深厚情怀、对中华民族的责任担当。

今年全国两会上，习近平总书记的一段话语重心长："上海石库门、南湖红船，诞生了中国共产党，14 年抗战、历史性决战，才有了中华人民共和国。共和国是红色的，不能淡化这个颜色。"国家发展了，人民生活改善了，但无论走得多远，我们都不能忘记走过的路，不能忘记革命先辈、革命先烈，不能忘记革命老区的父老乡亲。只有回望历史、铭记过去，我们才能深刻认识红色政权来之不易、新中国来之不易、中国特色社会主义来之不易。今年是新中国成立 70 周年，最好的庆祝，就是不忘初心、牢记使命，倍加珍惜我们党开创的中国特色社会主义，坚定道路自信、理论自信、制度自信、文化自信，担好实现"两个一百年"奋斗目标的历史责任。

"以百姓心为心，与人民同呼吸、共命运、心连心，是党的初心，也是党的恒心。"事业发展永无止境，共产党人的初心永远不能改变。回望历史，在民族蒙难时应运而生，在浴血奋战中重整国家，在一穷二白基础上建成国民经济体系，在改革开放中开辟中国特色社会主义道路，在砥砺奋进中推动中国特色社会主义进入新时代，我们党之所以能永葆青春活力，不断从胜利走向胜利，关键就在于能够不忘初心、牢记使命。从今年 6 月开始，全党将自上而下分两批开展"不忘初心、牢记使命"主题教育。通过这次主题教育，在返本归真中拨亮信仰的灯火，党员干部都将经历一场庄严的精神洗礼。

强化问题导向、坚持问题导向，是党的十八大以来全面从严治党的鲜明特点和成功经验。一些官僚主义、形式主义新表现提醒我们，影响党的先进性、弱化党的纯洁性的各种因素不容小觑。今年是基层减负年，习近平总书记特别叮嘱，各地区各部门要将此作为"不忘初心、牢记使命"主题教育的重要内容。只有坚决整治形式主义、官僚主义，加强真抓实干的作风建设，才能让广大干部有更多的精力、以更大的热情投入到让老百姓过上好日子的奋斗中来。发扬勇于自我革命这一我们党最鲜明的品格，教育引导党员干部牢记党的宗旨，树立正确政绩观，同一切影响党的先进性、弱化党的纯洁性的问题作坚决斗争，新时代共产党人的精神坐标将更加闪亮。

从闯出一条革命新路的井冈山探索，到"唤起工农千百万"的苏区革命，从化作"地球上最绚烂的红飘带"的长征奇迹，到延安时期勤廉奉公绽放的"兴国之光"，伟大革命精神跨越时空、永不过时，是砥砺我们不忘初心、牢记使命的不竭精神动力。当 8900 多万名党员砥砺初心、忘我奋斗，当 450 多万个基层党组织凝聚成坚强有力的战斗堡垒，中国共产党一定能带领中国人民奋勇向前、无往不胜。

（《人民日报》2019 年 5 月 27 日）

坚持不懈保障和改善民生

——千方百计让老百姓都能过上好日子

李洪兴

近日，不少民生新闻引发热议。最近发布的《2018 年我国卫生健康事业发展统计公报》显示，我国居民人均预期寿命提高到 2018 年的 77 岁，城乡居民健康水平持续提高；多部委联合下发了《关于进一步健全农村留守儿童和困境儿童关爱服务体系的意见》，把加强农村留守儿童关爱保护工作落细落实。"人民对美好生活的向往，就是我们的奋斗目标"，这一宣示在新时代持续激发更多务实举措。

民生工作离老百姓最近，同老百姓生活最密切。坚持不懈保障和改善民生、千方百计为群众排忧解难，是以习近平同志为核心的党中央的深切牵挂，成为各级政府部门工作的重中之重。党的十八大以来，全国低保覆盖范围越来越广、保障标准越来越高，"兜底线"越来越有温度；新型农村合作医疗保险报销比例逐年提升，今年还将实现城乡医保并轨；"放管服"改革深入推进、营商环境不断优化，以权利公平、机会公平、规则公平为主要内容的社会公平保障体系逐步建立。民生领域这些看得见、摸得着的积极变化，不仅给群众带来了实实在在的获得感，更生动说明了什么是最大限度改善民生，什么是尽力而为惠及百姓。

随着经济发展而不断提高民生改善的水平，让人民群众更多分享发展红利，这既是新发展理念的体现，更是当今中国社会的最大共识之一。但也要看到，我国仍处于并将长期处于社会主义初级阶段，改善民生不能脱离这个最大实际，只能根据经济发展和财力状况逐步提高人民生活水平。在这个过程中，需要防止出现故意吊高群众胃口的"空头支票"，避免陷入"高福利陷阱"。一些国家正是由于过度提高福利和过度承诺，导致养懒汉、高税收、财政难以支撑等问题，过度提高福利反而让福利恶化、过度承诺反而让承诺落空。可以说，要福利而不要过度福利，要民生而不要透支民生，才能有稳步提高的民生改善，才能有可持续发展的社会保障制度。

这启示我们，改善民生需要处理好尽力而为与量力而行的辩证关系。既要尽力而为，在经济发展可承受的范围内最大限度改善民生；也要量力而行，尊重民生改善和经济发展自身的规律。说到底，民生改善要以经济发展实际为其约束条件，这样才是可操作、能落地、可持续提升的民生改善，否则就只是博取一时掌声的镜花水月。习近平总书记指出，"民生工作直接同老百姓见面、对账，来不得半点虚假，既要积极而为，又要量力而行，承诺了的就要兑现。"对各级政府部门而言，持续推进民生改善，要少开"空头支票"、少吹"彩色泡泡"，根据各自资源禀赋和发展阶段出台务实举措，解决群众最关心最直接最现实的利益问题，落实各项惠民政策，做好普惠性、基础性、兜底性民生建设，让各项民生举措能够落地生根、取得实效。

抓民生也是抓发展。新中国成立 70 年来，我们党始终坚持在发展中保障和改善民生，实现了从短缺到充裕的历史性跨越。可以说，民生改善的步伐与经济发展的脚步始终是合拍的。持续推进民生改善，归根到底是要坚持把自己的事情办好，把中国发展得更好，在经济发展中自然提升民生改善的水平。当前，面对外部环境的不确定性，面对经济下行压力，我们坚持保障和改善民生的决心不会变，我们也一定有智慧和能力把中国经济发展得更好，让老百姓的日子过得更好。

"中国共产党的追求就是让老百姓生活越来越好""让老百姓过上好日子是我们一切工作的出发点和落脚点""党的一切工作就是要为老百姓排忧解难谋幸福"，习近平总书记的真挚话语，是各级干部为民造福的行动指南。把握好尽力而为和量力而行的辩证关系，始终坚持在不脱离发展实际的前提下保障和改善民生，始终坚持通过持续的经济发展带动民生改善，一步一个脚印，不断把民生红利落到实处，让民生保障延伸到未来，老百姓的日子一定会越过越红火。

（《人民日报》2019 年 5 月 31 日）

始终同人民想在一起、干在一起

——热烈庆祝中国共产党成立九十七周年

人民日报社论

　　时间砥砺信仰，岁月见证初心。7月1日，我们迎来中国共产党成立 97 周年。习近平总书记在党的十九大上指出："伟大的事业必须有坚强的党来领导。只要我们党把自身建设好、建设强，确保党始终同人民想在一起、干在一起，就一定能够引领承载着中国人民伟大梦想的航船破浪前进，胜利驶向光辉的彼岸！"在庆祝党的生日的时候，全党同志要响应总书记"始终同人民想在一起、干在一起"的伟大号召，在新时代展现新作为，书写我们这一代人的光荣。

　　今天的中国，正在向着历史的山巅行进。中国共产党人的奋勇开拓与中华民族的伟大复兴，形成穿越时空的激昂合奏。"红色理论家"郑德荣，毕生追求马克思主义真理之光；植物学家钟扬，以颗颗种子造福万千苍生；"当代愚公"黄大发，修完"生命渠"又带领村民走上致富路；诺贝尔奖获得者屠呦呦，年近九旬还在为中医药创新继续探索……在改革创新最前沿奋力争先，在脱贫攻坚战场上闯关夺隘，在基层治理第一线躬身实践，神州大地上，千千万万共产党员正以永不懈怠的精神状态，干在实处、走在前列。

回首97年发展历程，我们党紧紧依靠人民，跨过一道又一道沟坎，取得一个又一个胜利，中华民族迎来了从站起来、富起来到强起来的伟大飞跃。中国特色社会主义进入新时代，新的历史方位赋予我们新的历史使命。前行于百尺竿头，发展正中流击水，任务千头万绪，挑战无处不在。8900多万党员唯有始终同人民想在一起、干在一起，坚定舍我其谁的信念、勇当尖兵的决心，勇担使命、奋发有为，做开拓者、当实干家，才能不负历史重托，创造属于新时代的光辉业绩。

始终同人民想在一起、干在一起，就要不忘初心，以造福人民为最大政绩。我国社会主要矛盾转化为人民日益增长的美好生活需要和不平衡不充分的发展之间的矛盾，不只意味着全面小康一个不能少、一个不掉队，也意味着还老百姓蓝天白云、清水绿岸；不仅要求完善治理提高民生保障水平，也要求依法治国促进社会公平正义。幼有所育、学有所教、劳有所得、病有所医、老有所养、住有所居、弱有所扶，这是我们党对人民的承诺。新时代再出发，我们要始终与人民心心相印、与人民同甘共苦、与人民团结奋斗，让人民生活更加幸福、更有尊严。

始终同人民想在一起、干在一起，就要牢记使命，将改革开放进行到底。今年是改革开放40周年。经济社会发展蹄疾步稳，发展质量和效益还有待提升；改革广度深度压茬拓展，各项改革举措的落地任务繁重；中国日益走近世界舞台中央，要求我们更加准确把握国际形势，树立正确的历史观、大局观、角色观……历史从不眷顾因循守旧、满足现状者，机遇属于勇于创新、永不自满者。贯彻落实新发展理念、打好三大攻坚战、为人类作出更大贡献，需要一大批"闯将""尖兵"冲锋陷阵。新时代再出发，我们要以"功成不必在我"的精神境界和"功成必定有我"的历史担当，推动改革不停顿、开放不止步，团结带领亿万人民奋力夺取新时代中国特色社会主义伟大胜利。

始终同人民想在一起、干在一起，就要奋发有为，以更硬的肩膀扛起历史责任。打铁必须自身硬。党要团结带领人民进行伟大斗争、推进伟大事业、实现伟大梦想，必须毫不动摇坚持和完善党的领导，毫不动摇深入推进党的建设新的伟大工程。攻坚克难，共产党员是排头兵；跨越发展，领导干部是领头雁。能不能做到守土有责、守土负责、守土尽责，是不是能够在其位、谋其政、干其事、求其效，人民期待着我们的担当，历史凝望着我们的作为。全党既要政治过硬，也要本领高强，保持爬坡过坎的压力感、奋勇向前的使命感、干事创业的责任感，以钉钉子精神做实做细做好各项工作，一步一个脚印将伟大梦想变为中华大地的生动实践。

2019 年，新中国成立 70 周年；2020 年，全面建成小康社会；2021 年，中国共产党成立 100 周年；2035 年，基本实现社会主义现代化；2050 年，全面建成社会主义现代化强国……这些重要时间节点，呼唤着我们接续奋斗、永远奋斗。踏上万里征程，心怀千秋伟业，让我们紧密团结在以习近平同志为核心的党中央周围，以习近平新时代中国特色社会主义思想为指引，强化"四个意识"、坚定"四个自信"，举理想之旗、扬奋斗之帆，把党和人民事业继续推向前进。

（《人民日报》2018 年 7 月 1 日）

始终把人民放在心中最高位置

—— 一论习近平十三届全国人大一次会议重要讲话

人民日报评论员

　　"人民是真正的英雄""坚持人民主体地位""国家一切权力属于人民"……4000多字的内容，84次提到"人民"。习近平总书记在十三届全国人大一次会议上的讲话，赢得现场如潮的掌声，更激起回响、激发共鸣，焕发亿万人民的坚定信心和奋斗激情。

　　"始终要把人民放在心中最高的位置，始终全心全意为人民服务，始终为人民利益和幸福而努力工作"，习近平总书记深情讴歌我们伟大的人民、伟大的民族、伟大的民族精神，传递着人民领袖深厚的人民情怀。光荣属于人民、感情系于人民、力量源于人民、奋斗归于人民，习近平总书记对人民的尊崇和热爱，宣示的是人民政党根本的政治立场，彰显的是中国共产党执政最大的政治优势，体现了"坚持人民主体地位"的马克思主义政党最高原则。

"波澜壮阔的中华民族发展史是中国人民书写的",人民是历史的创造者;"把人民拥护不拥护、赞成不赞成、高兴不高兴、答应不答应作为衡量一切工作得失的根本标准",人民是政绩的阅卷人;"让实现全体人民共同富裕在广大人民现实生活中更加充分地展示出来",人民是奋斗的出发点;"每一个人都是新时代的见证者、开创者、建设者",人民是时代的动力之源。习近平总书记的讲话,从世界观、价值观、方法论层面,深刻揭示了"为了谁、依靠谁、我是谁"这一为民执政的重大理论和现实主题,全面阐释了为什么要始终坚持人民立场、怎样坚持人民主体地位的内在逻辑。

把人民放在心中最高的位置,这是铿锵的宣示,更是坚定的行动。今年全国两会上,修改宪法,目的是使我国宪法更好体现党和人民意志;机构改革,目的是让老百姓得到更多实惠;成立监察委,目的是确保权力真正为人民谋利益。这些重大政治议题、顶层制度设计,无不把人民利益作为最终价值指向。由此回溯党的十八大以来,普通人与日俱增的幸福感、获得感、安全感,为新时代写下温暖注脚,更兑现了我们党对全国人民的承诺。坚持"以人民为中心"这个根本思想,为"人民的美好生活"不懈奋斗,我们就能让全体中国人民和中华儿女在实现中华民族伟大复兴的历史进程中共享幸福和荣光。

人民是真正的英雄,中国巨轮劈波斩浪,需要激发蕴藏于亿万人民中的力量。长征路上的红军鞋与小岗村村民的红手印,淮海战役的小推车与当前创业创新的热潮,时代场景在变,但人民的奋斗不变、人民的精神不变、人民的力量不变。行百里者半九十,奋斗路上战犹酣,把蓝图变为现实,仍需攻克"娄山关""腊子口",奋力夺取新长征的胜利。越是在这样的时候，就越是需要虚心向人民学习，倾听人民呼声，汲取人民智慧，始终发扬中华民族的伟大创造精神、伟大奋斗精神、伟大团结精神、伟大梦想精神，创造属于新时代的光辉业绩。

　　从嘉兴南湖上的一条小船，到承载着 13 亿多人民希望的巍巍巨轮，我们鲜红的党旗上始终铭刻着"人民"二字。乘着新时代的浩荡东风，在以习近平同志为核心的党中央带领下，全国人民一起撸起袖子加油干，就一定能书写下新时代中国特色社会主义事业的辉煌篇章。

　　　　　　　　　　　　　　　　　　（《人民日报》2018 年 3 月 22 日）